区域基础教育
数据治理体系研究

编 著 许 逵
副主编 赵英虎
参 编 章孝德 黄 若
 张宝飞 周 亮
 刘晓羽 游 伟
主 审 陈 平

南京大学出版社

图书在版编目(CIP)数据

区域基础教育数据治理体系研究 / 许遄编著.
南京 : 南京大学出版社, 2025.3. -- ISBN 978-7-305
-29190-6
Ⅰ. G639.2
中国国家版本馆CIP数据核字第2025LP8581号

出版发行	南京大学出版社
社　　址	南京市汉口路22号
邮　　编	210093

书　　名	区域基础教育数据治理体系研究
	QUYU JICHU JIAOYU SHUJU ZHILI TIXI YANJIU
编　　著	许　遄
责任编辑	丁　群

照　　排	南京新华丰制版有限公司
印　　刷	南京玉河印刷厂
开　　本	787 mm × 1092 mm　1/16
印　　张	12.75
字　　数	221千
版　　次	2025年3月第1版
印　　次	2025年3月第1次印刷
书　　号	ISBN 978-7-305-29190-6
定　　价	52.00元

网　　址	http://www.njupco.com
官方微博	http://weibo.com/njupco
官方微信	njupress
销售热线	025-83594756

*版权所有，侵权必究
*凡购买南大版图书，如有印装质量问题，请与所购图书销售部门联系调换

目 录

第一章　绪论：数据治理与教育治理 ………………………… 001
　　一、我国教育治理的发展 ………………………………………… 001
　　二、我国数据治理的发展 ………………………………………… 003
　　三、教育数据治理的发展 ………………………………………… 008
　　四、数据治理已成为驱动教育治理发展的关键 ………………… 015

第二章　区域基础教育数据治理的理论基础 ………………… 017
　　一、核心概念 ……………………………………………………… 017
　　二、数据治理的相关理论模型 …………………………………… 025
　　三、教育数据治理的体系框架 …………………………………… 030

第三章　我国区域基础教育数据治理现状调研——以N市为例　036
　　一、调查概述 ……………………………………………………… 036
　　二、N市基础教育数据治理的概况分析 ………………………… 039
　　三、N市基础教育数据治理的差异分析 ………………………… 051
　　四、N市教育数据治理中各要素的相关性分析 ………………… 071
　　五、N市基础教育数据治理的现状与发展需求 ………………… 073

第四章　N市基础教育数据治理体系构建与实践路径 ………… 079
　　一、N市深化教育数据治理的时代背景 ………………………… 079
　　二、N市教育数据治理目标的制定 ……………………………… 086
　　三、N市基础教育数据治理的基本原则 ………………………… 087

四、N市基础教育数据治理体系构建 ……………………… 090
五、N市基础教育数据治理的实践路径 …………………… 096

第五章　面向数据治理的N市"互联网＋教育"大平台建设 … 101
一、"互联网＋教育"大平台的内涵与发展策略 …………… 102
二、N市"互联网＋教育"大平台的需求分析 ……………… 107
三、N市"互联网＋教育"大平台的建设方案 ……………… 110
四、N市"互联网＋教育"大平台的建设内容 ……………… 115
五、N市"互联网＋教育"大平台的国产化改造 …………… 120
六、N市"互联网＋教育"大平台的经济和社会效益分析 …… 125

第六章　N市教育数据治理制度规范体系的建设 …………… 128
一、区域教育数据治理制度体系的构建策略 ……………… 128
二、《N市教育数据管理办法》……………………………… 132
三、《N市教育数据分类分级规范》………………………… 140
四、《N市教育数据质量管理规范》………………………… 146
五、《N市教育数据共享管理规范》………………………… 150
六、《N市教育数据安全管理规范》………………………… 154

第七章　N市教育数据治理实践案例研究 …………………… 161
一、市级区域数据驱动的精准化教学实践案例 …………… 161
二、区级教育数据大脑的实践探索案例 …………………… 168
三、区级数据赋能智慧作业实践案例 ……………………… 175

第八章　智能时代教育数据治理的发展趋势 ………………… 180
一、人工智能对教育数据治理的挑战 ……………………… 180
二、人工智能促进教育数据治理的智能化改造 …………… 185
三、智能时代教育数据治理的发展趋势 …………………… 186

参考文献 ……………………………………………………… 190
后　记 ………………………………………………………… 199

第一章
绪论：数据治理与教育治理

数据治理与教育治理两者间存在着密切的战略联系。随着教育数字化的快速发展，数据已成为教育治理的重要基础和决策依据。数据治理能够为教育治理提供精准、科学的数据支持，帮助教育决策者更好地了解教育现状、把握教育规律、预测发展趋势，从而制定出更加符合实际的教育政策。教育治理也需要通过数据治理的规范化和标准化，确保教育数据的真实性、准确性和完整性，提高教育数据的质量和可靠性。两者协同作用，共同推动教育治理体系和治理能力现代化。

一、我国教育治理的发展

教育治理是国家治理体系的重要组成部分，是优化教育资源配置，提升教育质量，促进教育公平与均衡发展，从而满足人民群众对优质教育的需求的重要路径。近年来，我国积极推动教育治理改革，通过构建科学、规范、高效的教育治理体系，推动教育体制改革和制度创新，激发教育活力，推进我国教育事业的持续健康发展，以实现教育现代化，建设人力资源强国，提升国家竞争力，促进社会进步。

（一）我国教育治理的提出

我国对教育治理的研究较早，但实践与政策推动相对较晚。2010年《国家中长期教育改革和发展规划纲要（2010—2020年）》指出，要积极发挥行业协会、专业学会、基金会等各类社会组织在教育公共治理中的作用。2013年11月，党的十八届三中全会提出"推进国家治理体系和治理能力现代化"的改革目标，正式提出"国家治理"[1]。2014年1月，全国教育工作会议明确提出要"深化教育领域综合改革，加快推进国家治理体系和治理能力现代化"[2]，从"教育管理"向"教育治理"转变。教育治理是把教育领域内各主体纳入决策监管范畴，充分发挥其能动性，在持续协调、引导各方达成共识的基础上，不断改进目标和手段，变革教育管理方式。近年来，"教育治理"理念逐步深入人心，如何更好推进基础教育的教育治理体系和治理能力现代化，正不断发展成为新的历史起点下推进国家教育事业发展的重要影响因素与学术界的研究热点[3]。

（二）我国教育治理的发展现状

1. 以政策法规体系推动教育治理发展

近年来，我国在教育治理方面出台了一系列政策法规，为教育治理提供了有力的法律保障。《中国教育现代化2035》提出了推进教育现代化的总体目标和战略任务，为教育治理指明了方向；《深化新时代教育评价改革总体方案》的颁布，明确了改进教育评价体系的方向和措施。这些政策法规的制定和实施，为教育治理提供了明确的方向和依据。我国教育治理强调法治保障，确保教育工作的规范有序。政府加强教育立法工作，完善教育法律法规体系，为教育治理提供有力的法律支撑。同时，加大教育执法力度，维护教育秩序和师生权益。

2. 构建多元主体的教育治理体系，助推教育均衡发展

政府在教育治理中发挥着主导作用，负责制定教育政策、规划教育资源、推动教育改革等。同时，注重发挥学校、教师、学生等各方主体的作用，形成协同治理的合力。教育治理要均衡公平与效率，通过教育治理，促进教育公平，加大对农村地区、贫困地区和民族地区的教育支持力度，缩小区域、城乡、校际教育差距。同时，注重提高教育效率，优化教育资源配置，提高教育资源利用效率。

---

[1] 何增科.理解国家治理及其现代化[J].时事报告,2014(1):20-21.

[2] 袁贵仁.加快推进教育治理体系和治理能力现代化[J].人民论坛,2014(013):10-13.

[3] 于璇,代蕊华.基础教育治理研究:回顾与展望[J].现代教育管理,2016(10):5.

（三）我国教育治理的发展趋势

1. 构建更加完善的教育治理体系

我国将构建更加完善的教育治理体系，形成政府主导、学校主体、社会参与、法治保障的治理格局。政府将加强对教育工作的统筹规划和宏观指导，推动教育体制改革和制度创新；学校将发挥主体作用，加强内部管理和教育教学改革；社会将积极参与教育治理，形成多元化的教育投入和监督机制；法治将为教育治理提供有力保障，确保教育工作的规范有序。

2. 以教育数字化转型助推教育治理发展

随着信息技术的快速发展，数字化转型已成为教育治理的重要趋势。未来，我国将加快推进教育数字化转型，利用大数据、云计算、人工智能等技术手段提高教育治理的效率和水平。

3. 加强国际交流与合作

未来，我国将积极参与国际教育治理规则的制定和讨论，与世界各国共同探索教育治理的新模式和新路径。同时，加强与世界各国的教育交流与合作，推动我国教育治理水平的不断提升。

二、我国数据治理的发展

随着信息技术的迅猛发展和数字化转型的深入推进，数据迅猛增长，已成为国家基础性战略资源，大数据正日益对生产、分配、流通、消费活动以及经济运行机制、社会生活方式和国家治理能力产生重要影响。数据治理作为确保数据有效利用和安全可控的重要手段，以及挖掘和实现数据赋能组织价值的重要方式，已经成为我国政府与各级组织的战略发展重点。

（一）以国家政策引领构建数据治理体系

我国数据治理缘起于数据开放与共享。2000年初，国内金融、电信等行业开始尝试建立数据仓库，整合数据。2005年后，随着信息技术的发展和数字化的推进，数据治理逐渐受到更多行业的关注和应用，政府也开始重视数据治理，推动政务数据共享和开放。近年来，政府通过出台系列政策，加强数据治理的规范和监管，推动数字政府建设和数据资源的共享利用。数据治理的重要性日益凸显，并成为推动数字经济发展和创新的动力之源。

深化数据在各领域应用，发挥数据作为国家发展基础性战略资源的价值成为数据治理的重要目的。2015年8月，国务院印发《促进大数据发展行动纲要》，提出要加快大数据部署，深化大数据应用，大数据正成为推动经济转型发展的新动力，重塑国家竞争优势的新机遇，提升政府治理能力的新途径，并启动了政府数据开放共享、培养新兴业态等四大任务[1]。随后相关部门响应国务院精神，出台政策，全面推动大数据在农业、工业、医疗等国家重点领域的应用。2015年12月，农业部发布《关于推进农业农村大数据发展的实施意见》，提出要实现跨部门、跨区域农业数据的有序共享开放，实现农业数据采集的自动化、数据使用的智能化、数据共享的便捷化，实现农业产业链、价值链、供应链的联通，以大幅提升农业生产智能化、经营网络化、管理高效化、服务便捷化的能力和水平[2]。2016年6月，国务院办公厅发布《关于促进和规范健康医疗大数据应用发展的指导意见》，规范和推动健康医疗大数据融合共享与开放应用，以基本实现城乡居民拥有规范化的电子健康档案和功能完备的健康卡，形成健康医疗大数据相关政策法规、安全防护、应用标准体系，建立适应国情的健康医疗大数据应用发展模式，初步形成健康医疗大数据产业体系[3]。2020年4月，工信部发布《关于工业大数据发展的指导意见》，提出要促进工业数据汇聚共享、深化数据融合创新、提升数据治理能力、加强数据安全管理，着力打造资源富集、应用繁荣、产业进步、治理有序的工业大数据生态体系，以促进工业数字化转型，激发工业数据资源要素潜力，加快工业大数据产业发展[4]。

---

[1] 国务院.国务院关于印发促进大数据发展行动纲要的通知[EB/OL].[2015-08-31]. https://www.gov.cn/gongbao/content/2015/content_2929345.htm.

[2] 农业部.农业部关于推进农业农村大数据发展的实施意见[EB/OL].[2015-12-19]. https://www.gov.cn/gongbao/content/2016/content_5061698.htm.

[3] 国务院办公厅.国务院办公厅关于促进和规范健康医疗大数据应用发展的指导意见[EB/OL].[2016-06-21].https://www.gov.cn/gongbao/content/2016/content_5088769.htm.

[4] 工业和信息化部.工业和信息化部关于工业大数据发展的指导意见[2020-04-28]. [EB/OL].https://www.gov.cn/gongbao/content/2020/content_5530364.htm.

通过国务院及相关业务主管部门的全力推动，我国各行业领域大数据应用与数据治理工作不断发展和深入，应用场景不断拓展，大数据不断成为推动各领域数字化转型和经济社会发展的有力支撑，数据安全与数据应用中的隐私问题等成为需要重视和解决的问题。

数据安全逐步成为数据治理的要点。2021年6月，国家发布《中华人民共和国数据安全法》，这是我国首部专门针对数据安全的法律，规定了数据处理和安全监管的基本规则，明确了数据安全的责任主体[1]。该部法律对提升社会整体的数据安全意识，促进数据资源的合理利用和保护具有重大意义，标志着将数据安全提升至国家安全的高度。2021年8月发布的《中华人民共和国个人信息保护法》强调对个人信息加强保护，提升公众对个人信息权益的认识，对企业的商业模式产生一定影响[2]。两部法律的颁布，让国家数据安全与个人隐私数据安全作为数据治理的重要内容，为数据治理提供了有力的法律保障，为我国数据治理指明了方向，也为构建符合国情的数据治理体系奠定了坚实基础。

构建政务大数据体系，建立数字政府逐步成为我国数据治理的重要任务。2022年6月国务院发布《关于加强数字政府建设的指导意见》，提出要推动数字政府建设，提高政府数字化、智能化、专业化水平，提升数字化履职能力，营造良好数字生态等方面的要求[3]。2022年9月国务院办公厅继续发布《全国一体化政务大数据体系建设指南》，针对性强调了政务数据的标准化、平台化和服务化，以及加强数据安全保障，致力于推动政务大数据体系的建设，实现政务数据资源的整合、共享和高效利用[4]。数字政府建设，不仅提高了政府为民服务的效率，推动了政府治理流程的优化和模式创新，并以数字政府的发展为纽带，不断带动

---

[1] 全国人民代表大会常务委员会.中华人民共和国数据安全法[EB/OL].[2021-06-10]. http://www.npc.gov.cn/npc/c2/c30834/202106/t20210610_311888.html.

[2] 全国人民代表大会常务委员会.中华人民共和国个人信息保护法[EB/OL].[2021-08-20].http://www.npc.gov.cn/npc/c2/c30834/202108/t20210820_313088.html.

[3] 国务院.国务院关于加强数字政府建设的指导意见[EB/OL].[2022-06-23].https://www.gov.cn/zhengce/zhengceku/2022-06/23/content_5697299.htm.

[4] 国务院办公厅.国务院办公厅关于印发全国一体化政务大数据体系建设指南的通知[EB/OL].[2022-10-28].https://www.gov.cn/zhengce/content/2022-10/28/content_5722322.htm?eqid=e432f1750000e54900000004645c4eea.

整个国家的数字化转型。

将"数据要素"作为推动国家社会经济发展的生产要素，并逐步挖掘"数据资产"价值。2020年12月，国务院发布《关于构建更加完善的要素市场化配置体制机制的意见》，高屋建瓴地将数据定义为与土地、劳动力、资本、技术并列的关键生产要素，并提出要加快培育数据要素市场，促进数据的开放和共享[1]。这意味着对"数据"价值的认识上升到了"生产要素"的高度，数据正成为推动整个国家数字化转型发展的动力。2022年12月，国务院发布《关于构建数据基础制度更好发挥数据要素作用的意见》，提出要建立保障权益、合规使用的数据产权制度，建立合规高效、场内外结合的数据要素流通和交易制度，建立体现效率、促进公平的数据要素收益分配制度，建立安全可控、弹性包容的数据要素治理制度[2]，数据基础制度的建立，有利于充分发挥我国海量数据规模和丰富应用场景优势，能更好激活数据要素潜能，做强做优做大数字经济，增强经济发展新动能，构筑国家竞争新优势。随后财政部2023年12月发布《关于加强数据资产管理的指导意见》，提出构建"市场主导、政府引导、多方共建"的数据资产治理模式，建立数据资产管理制度，促进数据资产合规高效流通使用，构建共治共享的数据资产管理格局，为加快经济社会数字化转型、推动高质量发展、推进国家治理体系和治理能力现代化提供有力支撑[3]。数据从"要素"发展到"资产"，其之于国家发展的重要性不断提升，正成为中国式现代化建设与发展的核心动力。

（二）以技术创新提升国家数据治理能力

技术创新是提升数据治理能力的关键。我国在大数据、云计算、人工智能等领域的技术研发和应用方面的突破，为数据治理提供了强大的技术支撑。2022

---

[1] 国务院.中共中央国务院关于构建更加完善的要素市场化配置体制机制的意见[EB/OL].[2020-04-09].https://www.gov.cn/zhengce/2020-04/09/content_5500622.htm.

[2] 国务院.关于构建数据基础制度[EB/OL].[2022-12-02].https://www.gov.cn/gongbao/content/2023/content_5736707.htm.

[3] 财政部.关于加强数据资产管理的指导意见[EB/OL].[2023-12-31].https://www.gov.cn/zhengce/zhengceku/202401/content_6925470.htm.

年1月发布的《"十四五"数字经济发展规划》，提出建设数字基础设施，重点围绕5G网络、数据中心、云计算平台等，为数据的存储、处理、传输和应用提供强大的基础支撑；推动国家数据统一共享开放平台建设，推动数据资源跨部门、跨层级、跨地区、跨系统、跨业务的有序共享和开放，与数据的高效流通和使用；实施国家大数据战略，加快完善数字基础设施，保障数据安全；加强数字技术创新，在人工智能、量子计算、区块链等前沿技术领域加大研发投入，推动数字技术的突破和应用创新。2023年2月，中共中央、国务院印发《数字中国建设整体布局规划》，明确提出要夯实数字基础设施，加快5G网络与千兆光网协同建设，深入推进IPv6规模部署和应用，推进移动物联网全面发展，大力推进北斗规模应用，引导通用数据中心、超算中心、智能计算中心、边缘数据中心等合理梯次布局，整体提升应用基础设施水平，加强传统基础设施数字化、智能化改造，畅通数据资源大循环，构建国家数据管理体制机制，健全各级数据统筹管理机构。推动公共数据汇聚利用，建设公共卫生、科技、教育等重要领域国家数据资源库。加快建立数据产权制度，开展数据资产计价研究，建立数据要素按价值贡献参与分配机制。

技术创新与数据治理之间存在密切的关系。技术创新为数据治理提供了重要的工具和手段，数据治理也需要技术创新来推动其不断发展和完善。技术创新和数据治理相互适应、协调发展、相互促进、相互依存、协调发展。当然，技术创新不能仅仅追求技术的先进性和新颖性，还需要考虑数据治理的实际需求和约束；数据治理也不能仅仅停留在传统的数据管理和保护层面，需要不断适应技术创新的发展，更新治理理念和方法。在技术创新与数据治理的融合中，推动数据治理的不断完善和发展。

（三）在多元共治中形成数据治理合力

数据治理涉及政府、企业、社会组织和个人等多个主体，需要各方共同参与、协同治理。我国在推动数据治理过程中，注重发挥多元主体的作用，形成了政府引导、企业主体、社会监督的多元共治格局。

政府制定和完善数据治理法规，以确保数据的合法使用和保护。一方面，政府提供必要的基础设施和服务，例如开放数据平台、数据安全保护等，为数据的收集、存储和使用提供保障；另一方面，政府发挥监督职能，对企业的数据管理和使用进行监管，防止数据滥用和侵犯隐私。企业作为数据的生产者和使用者，应该建立完善的数据管理制度，明确数据的收集、存储、使用和保护等方面的规范。同时，应积极履行社会责任，遵守法律法规，保护用户隐私，避免数据泄露和滥用。企业还应利用数据进行创新，提高业务效率和用户体验。社会组织和个人积极参与数据治理的监督和评估，对政府和企业的数据管理和使用提出建议和意见。政府通过媒体、社交网络等渠道，传播数据治理的理念和知识，增强公众的数据素养和意识。

总之，多元共治的数据治理格局需要政府、企业、社会组织和个人等各方主体的共同参与和协作。只有通过各方的共同努力，才能实现数据的合法、安全、高效使用，推动社会的进步和发展。

（四）在国际合作中拓宽数据治理视野

数据治理是一个全球性的议题，需要各国共同参与和努力。我国积极参与国际数据治理合作，共同制定数据治理规则，以推动全球数据治理体系的完善和发展。通过与世界各国的交流和合作，我们可以相互学习、分享经验，共同解决数据跨境流动、数据隐私保护等挑战。同时，我国也在不断提升自身在全球数据治理中的地位和影响力，为全球数据治理的发展做出更大的贡献。在国际合作的背景下，我国也在加强国内的数据治理工作。总之，数据治理是一项长期而艰巨的任务，需要政府、企业和社会的共同努力。通过国际合作和国内实践，我国将不断完善数据治理体系，提高数据治理水平，为经济发展和社会进步提供有力支撑。

三、教育数据治理的发展

（一）全球教育数据治理的发展现状

虽然教育数据治理近年才开始热议，但教育数据这一概念很早就被提出。1867年，美国国会提出应在华盛顿市设立一个教育部门，目的是收集显示各州和地区教育状况和进展的统计数据和事实，以建立和维持有效的学校系统，并促成了美国国家教育统计中心（National Center for Education Statistics，简称NCES）的建立[1]。NCES负责收集、分析和发布关于美国教育和公共学区财务信息的完整统计数据，进行教育统计数据的国际比较，并在开发和促进使用标准化的术语来收集教育统计数据方面发挥领导作用。地方层面，美国近年来不断推进州级纵向数据系统建设，为各州创建数据治理工具，以促进跨地区、跨学校以数据为导向的决策[2]。2002年，美国颁布《不让一个孩子掉队》法案，强调了考试分数以及其他教育数据的重要性，通过教育数据监测学校表现，并面向公众公开，督促学校改进。2009年，美国教育科学研究所发布《使用学生成绩数据支持教学决策》，提出创造必要的组织条件，推动课堂、学校和地区利用学生成绩数据开展决策，并提供了一个使用学生成绩数据支持教学决策的框架，引导学校和教师通过教育数据评估教学实践和监测学生学业进展[3]。2012年10月，美国教育部发布了《通过教育数据挖掘和学习分析促进教与学》报告，对美国国内教育数据应用领域和实际案例所面临的问题和挑战进行了详细的介绍，强调通过数据挖掘技术对教育数据进行深入探索和分析，以提高教育决策水平和教育质量[4]。美国教育部还推出了教育数据仪表板网（https：//dashboard.ed.gov/），公开国家和州教育关键指标数据，展示各级教育系统正在取得的进展。2015年，美国正式发布《让每一个学生成功》法案，倡导教师将教育数据运用于教学实践，以全面推进教育数据系统使用机制，确保通过年度教育评估数据向教育工作者、家庭、学生和社区提供

---

[1] 吴旻瑜,郭海骏,卢蓓蓉,等.美国国家教育统计中心对我国教育管理信息化建设的启示[J].世界教育信息,2014,027(003):13-19.

[2] 阮士桂.美国州级纵向教育数据系统(SLDS)发展特征及启示[J].中国远程教育,2019,40(12):71-78.

[3] U.S.Department of Education.Using Student Achievement Data to Support Instructional Decision Making [EB/OL].[2021-09-01].https://ies.ed.gov/ncee/wwc/Docs/PracticeGuide/dddm_pg_092909.pdf.

[4] U.S.Department of Education.Enhancing Teaching and Learning through Educational Data Mining and Learning Analytics[EB/OL].[2012-10-11].https://tech.ed.gov/wp-content/uploads/2014/03/edm-la-brief.pdf.

重要信息。[1]

除美国外，近年来，英国、欧盟、日本、韩国等国家和组织也纷纷推出了教育数据相关的政策和行动计划[2]。世界银行也高度重视教育数据的重要作用，提出要用数据帮助发展中国家反映其实际情况，应对当前实际面临的教育发展难题，故而推出了教育统计数据网站（Education Statistics，简称EdStats），将所有可获取到的教育数据汇集到一个平台，帮助用户更容易地获取并理解数据，便于政策制定者掌握教育领域存在的问题和缺口，以及所取得的成就[3]。

（二）我国教育数据治理的发展现状

我国教育数据治理的发展缘起于教育治理与教育数字化的发展，其历程大致经历了从起步阶段到快速发展，并逐渐到形成体系的过程。

1. 起步阶段

2012年3月，《教育信息化十年发展规划》发布，强调推进教育信息化能力体系建设，制订教育数据标准，规范教育数据采集与管理流程，建立以各级各类学校和师生为对象的国家教育管理基础数据库，推进系统整合与教育数据共享。2013年，教育部出台《国家教育管理信息系统建设总体方案》，明确了"十二五"期间国家教育管理信息系统建设的总体目标、主要内容、路线图以及各级教育行政部门和各类教育机构的建设任务，全面推动学生、教师、学校经费资产及办学条件等一批教育核心业务管理信息系统的建设与普及应用。2014年，教育部出台《教育管理信息化建设和应用指南》，对各级教育行政部门和各类教育机构在推进教育管理信息化体系建设和应用过程中的职责分工、权利义务、重点工作和推进方式提出指导意见。通过国家的强力推动，"两级建设、五级应用"的教育管理信息化建设体系基本形成，国家和省级教育数据中心逐步建成，

---

[1] U.S.Department of Education.Every Student Succeeds Act(ESSA)[EB/OL].[2021-10-1]. https://www.ed.gov/essa?src=rn.

[2] 刘博文,吴永和,肖玉敏,马晓玲.构筑大数据时代教育数据的新生态——国内外国家级教育数据机构的现状与反思[J].开放教育研究,2019,25(03):103-112.

[3] Porta E,Arcia G,Macdonald K,et al.Introduction to ADePT Edu:Broadening Access to School and Household Data in Education[J].2011(06).

按照师生"一人一号"、学校"一校一码"的原则基本建成了全国学生、教职工、教育机构、中小学校舍、高校学生学历学位和就业等基础教育数据库。教育管理信息系统的应用,大大方便了学生和家长,不仅在考试招生、学生就业、教育经费监管和遏制数据造假等方面发挥了积极作用,也初步完成了我国教育数据的汇聚,为教育大数据的兴起奠定了基础。2015年被称为中国大数据元年,这一年国务院发布了《促进大数据发展行动纲要》,将大数据定位于推动经济转型发展的新动力、重塑国家竞争优势的新机遇、提升政府治理能力的新途径,并提出了"建设教育文化大数据"的战略,提出完善教育管理公共服务平台,推动教育基础数据的伴随式收集和全国互通共享,推动形成覆盖全国、协同服务、全网互通的教育资源云服务体系,探索发挥大数据对变革教育方式、促进教育公平、提升教育质量的支撑作用。这标志着我国教育数据治理的全面起步。

2. 发展阶段

2016年6月,《教育信息化"十三五"规划》提出"制订出台教育数据管理办法",并强调"实现教育基础数据的有序开放与共享""利用大数据提升教育治理能力"。这是我国教育领域真正开始重视数据治理,并采取了一系列措施来推进数据治理的开端。2016年4月,国内首份基础教育大数据蓝皮书——《中国基础教育大数据发展蓝皮书(2015)》正式发布,分析了教育领域各类数据的来源与结构,探讨了国家、地区以及学校等不同层面教育数据应用的建设思路,围绕教育数据管理中存在的问题,提出了教育数据分析模型和典型应用案例,并提出基础教育领域的主要数据应用模式[1]。2018年《教育信息化2.0行动计划》提出"全面提高利用大数据支撑保障教育管理、决策和公共服务的能力,实现教育政务信息系统全面整合和政务信息资源开放共享"。各地区教育行政部门结合实际状况,也陆续发布了各地的数据治理实施方案。2017年1月,《国家教育事业发展"十三五"规划》进一步明确提出"鼓励学校利用大数据技术开展教育教学活动",并提倡"综合利用互联网、大数据、人工智能和虚拟现实技术探索未来教育教学新模式"。我国教育数据治理的发展重点从管理数据逐渐转向了利用大数

---

[1] 卢秋红.《中国基础教育大数据发展蓝皮书2015》发布[J].中小学信息技术教育,2016(05):1.

据技术提升教学质量。

3. 体系化阶段

2019年2月，《中国教育现代化2035》和《加快推进教育现代化实施方案（2018—2022年）》发布，更加明确提出要"大力推进教育信息化，构建基于信息技术的新型教育教学模式、教育服务供给方式以及教育治理模式"。2019年，上海市印发《上海教育系统加快推进数据治理和"一网通办"工作实施方案》，提出基于上海教育城域网，推进统一数据管理、统一身份认证、统筹安全监管、统一网络接入和教育云网融合，促进教育数据的汇聚互联和融合共享，推进数据共享应用，开展数据分析与辅助决策支持，充分挖掘体现数据应用价值。江西省先后编制《江西省教育大数据实施方案》《江西省教育厅数据资源目录》和《江西省数据交换总体设计方案》等文件，将数据视为一种战略性资产，并从组织架构、机制体制和实施评估三个层面对数据开展持续性治理。这一阶段，我国教育数据治理的目标更明确地指向构建新型的教育教学模式和教育治理模式，以推动教育现代化建设。

总的来说，我国教育数据治理的发展主要依托政府和相关机构的系列政策措施推动。未来，随着技术的进步和教育需求的变化，我国教育数据治理的发展还将继续深化和完善。

（三）我国教育数据治理的困境与问题

1. 教育数据安全问题凸显

近年来，随着我国教育信息化的快速发展，教育数据呈爆炸式增长，数据类型多样，数据安全保护难度也随之增加。我国有各级各类学校50多万所，在校学生近3亿人，专职教师近2000万人，涉及个人、学校、教育科研机构、教育服务机构、教育管理机构，以及课程、教材、技术、资源、管理等诸多方面，教育数据涉及范围广、人员多、环节多、时间长。教育行业的信息系统众多，且多与教学、管理等方面紧密相关，涉及学生个人信息保护等。一旦遭受攻击或破坏，将对教学活动和管理产生严重影响。尤其随着云计算、大数据等新技术的广泛应用，教育数据安全保护的难度进一步加大。

一方面，用户数据安全意识薄弱。目前教育行业各级机构、人员的数据安全意识参差不齐，对数据安全不够理解、不够重视、不够支持，不利于教育组织开展数据全生命周期的安全管理与防护工作，教育领域数据泄露事件时有发生。2021年7月，盐城警方侦破一起公民信息贩卖案件，涉及7万条学生和家长个人信息，流出的源头是机关单位内部人员借职务之便，将敏感数据发送给教育培训机构用于营销获利。2020年4月，河南郑州、陕西西安、重庆、湖北武汉、山东青岛、安徽滁州等多所高校的数千名学生发现自己的个人信息被企业冒用以达到偷税目的。我国教育数据安全事故频发，急需教育数据治理。通过数据治理，可以确保数据的准确性、一致性和完整性，提高数据的质量和可靠性，还能够降低数据泄露和被攻击的风险，保护教育组织和用户的合法权益。

另一方面，教育数据相关法律法规政策落地不足。目前我国已经发布了《中华人民共和国网络安全法》《中华人民共和国数据安全法》《中华人民共和国个人信息保护法》等法律，以及《教育部机关和直属事业单位数据安全管理办法》《教育部等七部门关于加强教育系统数据安全工作的通知》等政策管理要求，让数据安全管理和利用有法可依、有章可据。但对于具体的教育单位，这些法律法规规范落地不足，尚缺乏数据安全管理要求。另外，随着社会的高速发展，教育行业的业务应用不断更新和迭代，不断涌现许多新型的业务应用范畴，相关法律法规和政策文件很难紧跟解决这些应用带来的诸多数据安全问题，各类教育机构只能在业务发展与数据安全治理之间寻求"平衡"。

2. 教育数据安全防护体系不够完善

我国数据安全管理已经从"单点防护"向"数据全生命周期安全保护"转变，需要深度结合各单位的组织管理、人员能力、管理机制、制度规范、业务信息系统、数据流转及应用场景等的构建，需要数据安全管理、技术、人员、工具与产品等的体系化提升与完善。然而目前，学校甚至区域政府都很难构建一套完备的数据安全防护体系，从而使得数据安全的深层隐患不断。

首先，数据资产不清晰。教育行业信息系统庞大，存在大量的第三方接口和应用，很难进行全面梳理。同时，教育单位缺少专业技术人员，难以对庞大的数据资产进行全面梳理和分类分级建设工作。此外，教育行业开展专项数据安全建设工作起步晚，很多大数据企业对学校业务了解不够，在数据资产梳理和数据分类分级上没有切实可行的经验可以利用，无法满足教育行业数据全生命周期的常规应用与管理，往往容易造成学校数据安全专项建设管理与运营工作形式大于内容，不能达到数据资产"定标、定级、定量、定策略"的目标。

其次，数据鉴权不完备。在教育行业，由于业务管理存在个性化、人员身份多重化、人员变更等实际问题，对数据访问权限的制定难以达到及时、准确和完整，也增加了数据泄露、数据篡改、数据复制等安全事件的发生概率。特别是，目前教育行业数据资源渐趋统一汇聚管理、分类分级申请使用调用，在管理和使用过程中，数据的访问授权、数据的适用范围授权、数据的字段级管控等工作的开展，都可能存在较大的数据安全隐患。

再次，面对新技术的安全防护不足。随着云计算、大数据、物联网、人工智能、区块链等新兴技术的发展与应用，数据安全工作面临更多挑战。如教育领域的许多公共应用与服务都使用了云计算技术，许多教育数据通过更广泛的移动终端、网络设备、应用系统被存储和应用，因此需要更纵深的数据安全防御体系。云计算平台运营商是否严格落实了国家网络安全和数据安全等基本法律法规要求，教育领域的关键信息基础设施是否需要加强防护等问题有待进一步解决。

最后，数据共享管控能力有待提高。教育行业的数据共享流转使用已经进入常态运行阶段，但数据共享管控体系、管理制度、管理技术水平还不够完备。虽然教育管理机构也发布了相关数据管理办法，部分学校也参照制定了数据共享管理细则，实际情况却不太理想。在管理上，校内数据使用普遍存在缺乏全生命周期管理、数据使用申请不规范等现象；在技术监管上，数据使用技术不统一，接口、视图、临时中间库、数据库访问等多种方式不能做到统一监管；在权责上，重要业务系统中各类人员的访问权限不清楚，个人敏感信息数据流向不清晰；在数据安全预警上，无法防范教职工、第三方服务人员等的异常数据使用行为，发生数据泄露事件后难以溯源。这些实际问题都普遍存在于教育行业各级机构的常规数据共享使用中。

3.教育数据开放共享步履艰难

我国目前普遍存在大量的教育数据孤岛问题，各个教育机构和部门之间的数据难以共享和交流，极大限制了数据的整合利用和价值最大化。除了数据拥有者对数据隐私与安全问题的担忧，还有很多因素制约数据共享。如数据共享标准不一，使得不同系统间的数据交换和共享存在困难。技术基础设施的层次不高也会影响数据共享的实施。法律法规滞后、政策落地实践不足、人员意识与培训不足等都会制约数据共享活动。

从更深层次来讲，数据共享涉及多方利益，如何平衡各方利益，确保数据共享的公平性和合理性，是一个复杂的问题。数据流动的前提是可信地获取数据，但传统教育数据由于其主体较为分散，获取模式往往采取数据上报、数据前置库同步等模式，其数据未经认证和授权确认，造成数据真实性存疑。同时，未经过签名和校验，教育数据存在篡改和抵赖的可能，造成数据可靠性存疑。此外，教育数据的标准性缺失也为数据开放共享带来了新的障碍[1]。

四、数据治理已成为驱动教育治理发展的关键

（一）教育数据是推动教育治理现代化的关键

信息技术掀起了新的时代巨潮。在越来越多的组织机构中，信息正取代传统的有形资源，开始成为最能够代表组织竞争力的核心资产。数据是互联网时代信息的最佳载体和最高效的表达方式[2]，并形成了早期的数据管理架构[3]。数据管理主要聚焦于数据的采集、储存、处理、使用的全过程，提供组织机构运行过程中所需的各类数据要素。早期的基础教育数据管理主要解决应用和数据"要不要建"的问题，往往都是各级教育行政部门和各类教育机构自行管理数据，数据应用往往是高度集中、深度定制化的，可访问性和可拓展性都非常有限。2014年10月，教育部印发《教育管理信息化建设与应用指南》，提出要充分释放教育管理信息化的潜能，使教育管理信息化在转变政府职能、支撑和推动教育治理能力现代化进程中发挥更加重要的作用，促进政府教育决策、管理和公共服务水平显著提高，推动教育治理体系和治理能力现代化。与教育信息化相伴而生的教育数

---

[1] 徐峰,吴旻瑜,徐萱,等.教育数据治理:问题,思考与对策[J].开放教育研究,2018(2):107-112.

[2] 卢蓓蓉,任友群.中国教育信息化的云中漫步——教育云建设的困境及探析[J].远程教育杂志,2012(01):6.

[3] 徐峰,吴旻瑜,徐萱,等.教育数据治理:问题,思考与对策[J].开放教育研究,2018(02):107-112.

据正作为基础教育领域推动教育治理现代化的重要抓手。教育数据既是一项系统复杂的大工程，也是一个富有朝气的大产业，同时也是推进国家教育治理体系与治理能力现代化的科学力量。虽然面临隐私泄漏风险高、教师数据素养低等诸多现实挑战，但整体发展趋势向好，大数据技术在教育领域的价值显现度愈发明显。

（二）教育数据治理与教育治理相辅相成

教育数据治理与教育治理之间存在密切的关系。教育数据治理是教育治理的重要组成部分，是实现教育治理现代化的关键手段和工具，是教育行政主管部门或教育机构为了充分发挥数据价值，围绕教育数据应用，提高数据质量、提升数据可用性、优化数据结构、建立数据制度、保障数据安全和维护个人隐私而采取的系列行动集合。教育数据治理通过收集、存储、分析和应用教育数据，为教育决策提供依据，推动教育管理精准化、科学化和智能化。同时，教育数据治理也可以促进教育资源共享，提高教育质量，推动教育创新，从而更好地服务于教育治理的目标。总的来说，教育数据治理与教育治理是相互联系、相互促进的关系。教育数据治理为教育治理提供了重要的支撑和保障，而教育治理的需求和目标也引领着教育数据治理的发展方向[1]。

基础教育领域的数据治理既具有其他领域数据治理的共性特征，包括促进不同个体之间的合作及达成共识，发现和解决领域内的潜在风险或问题，为决策和战略制定提供见解或依据等；同时也具有基础教育领域的专有特性，包括促进教育教学模式的变革与创新，提升教学管理服务各环节的运行效率，更加有效地保障教育系统的用户数据安全和个人隐私，等等。立足当下，需要更好推进基础教育领域的数据治理，进一步提升治理水平。

---

[1] 张臻.智能时代的教育数据治理变革:挑战与路径[J].中国教育信息化,2022,28(01):11-17.

第二章
区域基础教育数据治理的理论基础

一、核心概念

（一）教育治理

教育治理是治理理论在教育领域的延伸。治理是指在既定的范围内应用权威维持秩序，满足公众的需要，其目的是运用权力引导、控制和规范公民各种活动，以最大限度地增进公共利益[1]。简而言之，"治理"更多强调的是多元主体共同参与的协同管理，凸显科学化、民主化的现代精神特质和理念。教育治理是指政府、社会组织、利益相关群体通过一定的制度安排进行合作互动，共同管理教育公共事务的过程[2]。教育部原副部长杜占元认为，我国教育系统要从"教育管理"走向"教育治理"。首先，教育参与力量将更加多元。要办好世界规模的教育，必须由过去政府大包大揽的单向度管理模式转向政府、社会与学校多方共同参与的协同管理，广泛吸引、激发社会力量参与教育建设。建立多元、协同、开放的教育治理体系。其次，教育主体权责将更加明晰。"教育治理"构建的是"党委领导、政府负责、社会协同、公众参与、法治保障"的社会治理机制。最后，要不断提高教育治理社会化、法治化、智能化、专业化水平。我国正推进教育、科技、人才的深度融合，教育需与社会经济、文化、科技紧密融合，共促国家发展。教育治理要求社会各方参与，依法依规，提升专业素养，运用智能技

---

[1] 俞可平.治理与善治[M]北京:社会科学文献出版社,2000:2-5.
[2] 褚宏启.自治与共治:教育治理背景下的中小学管理改革[J].中小学管理,2014(11):16-18.

术，实现教育治理科学化。

教育是一个复杂的社会现象与系统工程，要使教育健康可持续发展，适应时代的要求，教育治理本身必须形成一个上下衔接、前后连贯、各方面融通的体系。教育治理的基础是"管办评"的分离，核心是构建新型的政府、学校和社会之间的关系，突破口是政府职能转变，重点是建立系统完备、科学规范、运行有效的制度体系，形成职能边界清晰、多元主体"共治"的格局。教育治理体系是指顺应时代变革的要求，以实现教育改革健康发展为目标，以构建政府、学校、社会新型关系为核心，构建基于社会主体广泛参与的多元投入、多元管理、多元监督的教育共治结构，建立系统完备、科学规范、运行有效的制度体系，进而实现以共治为路径、以善治为目标的教育活动发生及运行系统。教育治理体系的构建涉及主体、结构、路径及功能四个方面。其中，教育治理主体之间通过集权与分权的合理运作形成相应的教育治理结构，教育治理结构的维持和运转需借助相应的教育治理路径，方可实现其教育治理功能。

（二）数据治理

数据治理研究的根源可以追溯到20世纪80年代初，兴起于2004年，沃森[1]在企业管理中探讨了数据仓库治理的实践。之后学者们在"治理"思维的引领下，围绕企业、政府、医院和高校的数据治理展开了大量的理论研究和实践探索[2]。我国有关数据管理的研究始于2010年，类似的名词有数据监护、数据策展、数据管护等。"治理"一词则较早出现在"IT治理""国家治理"和"大数据治理"之中[3]，之后学术界开始出现数据治理的专门研究，学者们从数据治理的概念、体系、内容和应用实践等方面进行了探讨。[4]

---

[1] Watsonh,HJ,Fullerc,C.,& Ariyachandrat,T.Data warehouse governance:Best practices at blue cross and blue shield of north Carolina[J]Decision support systems,2004,38(03):435-450.

[2] 刘桂锋,钱锦琳,卢章平.国内外数据治理研究进展:内涵、要素、模型与框架[J].图书情报工作:2017(01):1-7.

[3] 梁芷铭.大数据治理:国家治理能力现代化的应有之义[J].吉首大学学报(社会科学版),2015(02):34-41.

[4] 张宁,袁勤俭.数据治理研究述评[J].情报杂志,2017,36(05):129-134,163.

对数据治理的内涵，国内外研究者都展开了很多研究。美国国际数据管理协会将数据治理定义为对数据资产管理和控制的活动集合，包括计划、监控和执行[1]。美国教育部隐私技术援助中心认为，数据治理是对数据和信息进行管理的组织行为，是涵盖采集、使用到清理的数据全生命周期的政策和程序集[2]。数据治理研究所认为数据治理是信息相关流程的决策权归属和责任担当框架，即根据商定的模型，确定谁在什么情况下，对什么信息，使用什么方法，能采用什么行动，并按此执行[3]。国内学者认为数据治理是指与有效运用数据所需的，组织或执行层面的准则、政策、步骤和标准相关的实践活动，是通过建立数据标准体系提升数据质量，通过数据架构合理组织数据，通过元数据和主数据管理提升关键数据的管理水平，通过安全和生命周期管理保证数据的安全性、有效性、时效性等功能的综合体系[4]。

综合来看，数据治理是指组织机构为了充分发挥数据价值，对数据进行计划、监控和实施的管理过程，是围绕组织数据在政策与规则、体制与机制、技术与行为等方面的行动集合。其目标是确保数据的质量、安全性和一致性，从而为组织提供准确的决策依据，以提高组织的竞争力和决策水平；其核心是数据应用，强调全局性的指导和控制，围绕数据的核心目标和现实背景，为数据的整合、应用、质量管理、评估等环节提供基本规则；其首要原则是保障数据安全和个人隐私。

（三）教育数据

1. 教育数据的概念

虽然近年来教育数据得到了广泛的发展，但学术界对于"教育数据"一词

---

[1] Data Management Association International.The DAMA guide to the data management body of knowledge[M].New York:Technics Publications,2009.
[2] Privacy Technical Assistance Center.Data governance and stewardship[EB/OL].[2011-01-02]. http://ptac.ed.gov/sites/default/files/issue—brief—data—governance—and—stewardship.pdf.
[3] Data Governance Institute.The DGI Data Governance Framework[R/OL].[2014-03-22] http://www.Datagovernance.com/wp-content/up-loads/2014/11/dgi_framework.pdf.
[4] 陈火全.大数据背景下数据治理的网络安全策略[J].宏观经济研究,2015(08):76-84.

仍没有统一的定义。美国Knewton教育公司将教育数据分为两类，一类是有关学生基本信息的数据，如身份识别数据；另一类是基于学生学习活动用以提升学习效果的数据，包括学习交互数据、推断的内容数据、系统范围数据、推断的学生数据等[1]。章怡等认为教育数据是信息技术支持下教与学各个环节所产生的符合教育大数据特征的数据集，是信息技术环境下教与学行为轨迹的产物[2]。徐鹏等认为广义的教育数据指来源于日常教育活动中人类的行为数据，狭义的教育数据指的是学习者的行为数据[3]。张洪孟等提出，教育数据是学习者以学习为目的，在互联网学习环境中借助一定媒介，与外界交互过程中所产生的数据，主要包含学习行为数据、学习内容数据、虚拟社会网络关系数据以及学习管理数据[4]。杨现民等认为教育数据是指整个教育活动过程中所产生的以及根据教育需要采集到的，一切用于教育发展并可创造巨大潜在价值的数据集合[5]。刘欢提出基础教育领域所产生的教育数据将包括教育教学数据、教育管理数据、教育政策数据、评估评价数据，以及与教育发展紧密相关的其他社会、文化、经济数据，等等。虽然这些学者对教育数据的概念界定不一，但也有其共同点。从广义而言，教育领域中发生的数据均可归类为教育数据，包含教育中相关主体的个人属性数据，以及教育主体的活动数据；从狭义而言，主要指与学生相关的数据。

2. 教育数据的分类

研究者对教育数据进行了更细的层次切分。例如，美国《通过教育数据挖掘和学习分析促进教与学》报告将教育数据细分为8个应用领域[6]。徐峰等根据

---

[1] Knewton.Knewton adaptive learning Building the world's most powerful recommendation engine for education.[EB/OL].[2013-10-01].https://blogs.ubc.ca/etec511dlg1/files/2013/10/Knewton-Adaptive-Learning-Whitepaper.pdf.

[2] 章怡,牟智佳.电子书包中的教育大数据及其应用[J].科技与出版,2014(05):117-120.

[3] 徐鹏,王以宁,刘艳华,等.大数据视角分析学习变革——美国《通过教育数据挖掘和学习分析促进教与学》报告解读及启示[J].远程教育杂志,2013,31(06):7.

[4] 张洪孟,胡凡刚.教育虚拟社区:教育大数据的必然回归[J].开放教育研究,2015(01):44-52.

[5] 杨现民,唐斯斯,李冀红.教育大数据的技术体系框架与发展趋势——"教育大数据研究与实践专栏"之整体框架篇[J].现代教育技术,2016,26(01):5-12.

[6] 徐鹏,王以宁,刘艳华,等.大数据视角分析学习变革——美国《通过教育数据挖掘和学习分析促进教与学》报告解读及启示[J].远程教育杂志,2013,31(06):7.

数据采集主体将教育数据分为三类，包括以教育部为主体采集的教育数据、以地方各级教育行政部门为主体采集的教育数据，以及由各类教育机构为主体采集的教育数据[1]。杨现民等根据教育数据的来源与范围将数据分为国家层、区域层、学校层、课程层、个体层，根据数据结构将数据分为行为层、资源层、状态层、基础层，等等[2]。刘欢将基础教育数据划分为三类，分别为教学数据、教育管理数据和教育领域数据[3]，具体如表2-1所示。

表2-1 基础教育数据的三个类别

层面	目标	主要数据
基础教育教学数据	发掘教育教学规律，提升教育教学质量，促进学习者的个人发展	个人信息数据、事件行为数据、学习对象数据、学习情境数据、学习结果数据、学习传感数据、学习策略数据、学生经历数据、教师行为数据、学科课程数据、学校班级数据、学习工具数据、社区交流数据、教学资源数据、培养计划数据、领域知识数据等
基础教育管理数据	提升教育教学质量与教育管理服务水平	机构基础数据、学籍学历数据、教学管理数据、招生就业数据、科研管理数据、行为日志数据、办公行政数据、设备资产数据、人事培训数据、财务经费数据、资助奖励数据、教育服务数据等
基础教育领域数据	制定宏观教育决策，提升教育治理水平，推动教育改革与发展	学生数据、教师数据、学校数据、教育行政数据、评估评价数据、宏观政策数据、社会经济数据、国外教育数据、互联网相关数据等

（1）**基础教育教学数据**。教学数据是指在教学过程中产生或根据教学需求收集的，可用于促进教学发展的各类数据的总和。教学数据既包含学习者个人属性、学习行为等数据，强调对学习者学习全过程的数据采集、编码、存储、分析和反馈[4]，其目的是借助数据来促进学习者的个人发展；又包含了师生教与学的

---

[1] 徐峰,吴旻瑜,徐萱,等.教育数据治理:问题,思考与对策[J].开放教育研究,2018(02):107-112.

[2] 杨现民,唐斯斯,李冀红.发展教育大数据:内涵,价值和挑战[J].现代远程教育研究,2016(01):50-61.

[3] 刘欢.基础教育数据治理模型构建与底层实践研究[D].上海:华东师范大学,2022.

[4] 顾小清,郑隆威,简菁.获取教育大数据:基于xAPI规范对学习经历数据的获取与共享[J].现代远程教育研究,2014(05):13-23.

活动，以及与这些活动相关的其他教育内容[1]，如教师教学活动数据、教学内容数据、教学环境数据、教学评价数据、教学研究数据等。总而言之，教学数据不仅有助于教师了解学生的学习状况，优化教学方法，发掘教育教学规律，还能帮助学校管理者进行教学决策，提升教育教学质量，使得个性化教学和精准教育成为可能。

（2）**基础教育管理数据**。管理数据是指教育管理与教育服务相关数据，其目的是利用数据来提升教育管理、教育服务、教育治理水平。基础教育管理数据的构成不但包括了各类结构化的管理业务数据，还包括了教育机构运行过程中各类日志等非结构化数据。教育管理数据包括机构基础数据、学籍学历数据、教学管理数据、招生就业数据、科研管理数据、行为日志数据、办公行政数据、设备资产数据、人事培训数据、财务经费数据、资助奖励数据、教育服务数据等[2]。

（3）**基础教育领域数据**。领域数据是教育数据最为宏观的范畴，它代表了所有与基础教育相关的数据，既包含教育教学、教育管理等方面的业务数据，又包含教育政策、评估评价数据；既包含了基础教育本身的数据，又包含了与之紧密联系的社会经济发展数据；既包含了中国的基础教育相关数据，又包含了世界其余国家的教育、社会、文化、经济等相关数据。基础教育领域数据的应用目标是在国家层面制定有效的宏观教育决策，整体提升基础教育治理水平，进而推动基础教育改革与发展。基础教育领域数据的数据构成包括学生数据、教师数据、学校数据、教育行政数据、评估评价数据、宏观政策数据、社会经济数据、国外教育数据、互联网相关数据等。

（四）教育数据治理及其内涵演变

教育数据治理缘起于大数据驱动的教育治理研究与实践，既是基于数据的教育治理，也是对教育数据的治理，是以教育治理的现代化为目标，在教育大数据与教育治理交叉融合中而新生的概念。教育领域的数据治理实践首先发端于高

---

[1] 蒋卓轩,张岩,李晓明.基于MOOC数据的学习行为分析与预测[J].计算机研究与发展,2015(02):614-626.

[2] 王晓冬,章骏杰,於晓东.区域教育管理公共服务平台和基础数据库建设实践——基于省级教育数据中心[J].中国教育信息化,2016(07):18-20.

等教育领域，将数据治理作为高等教育治理的一部分，以提高大学教育质量、决策科学性、管理效率[1]，探索基于数据可视化、学习分析的教育治理模式。教育数据治理是教育行政主管部门或教育机构为了充分发挥数据价值，围绕教育数据，在体制与机制、政策与规则、技术与行为等方面的行动集合。[2]

综合来看，从治理的本质出发，教育数据治理是基于数据应用的教育治理，是数据驱动的教育治理和面向教育的数据治理的融合，是对教育数据行为的治理，是政府、企业、社会组织等教育多元主体利用数据参与教育治理，从而调和教育利益，满足公众的教育需要。作为手段的数据治理与作为目的的教育治理相互融合，构成了教育数据治理的内涵，这种融合是为了调和教育利益相关者之间的矛盾，通过数据治理的手段，做出满足公众教育需求的决策，达到育人的价值追求。从治理的体系来看，教育数据治理是一种综合治理模式，教育数据治理不仅起到了连接数据治理和教育治理的桥梁作用，调和了数据效益目标和教育价值目标，还担负了协调跨机构、跨部门开展合作治理的重任，最终指向科学合理的教育决策。所以，教育数据治理不仅包括数据获取、数据分析、数据解释和预测等数据治理阶段，还包含教育制度、教育价值和教育政策等教育治理的组成结构[3]。从治理的过程来看，教育数据治理是教育治理和数据治理交互相融的系统过程，是从教育的价值追求出发，依据相关教育制度，开展数据收集、挖掘和分析工作，通过科学的解释和预测，做出符合教育价值的决策，从而解决教育问题，达到教育治理目的的过程。为实现教育决策的手段善、目的善、公共善与公民权等伦理诉求，教育数据治理的道德合理性及其内在的伦理价值必须彰显出来。

---

[1] 陈霜叶,孟浏今,张海燕.大数据时代的教育政策证据:以证据为本理念对中国教育治理现代化与决策科学化的启示[J].全球教育展望,2014,43(02):121-128.

[2] 徐峰,吴旻瑜,徐萱等.教育数据治理:问题、思考与对策[J].开放教育研究,2018,24(02):107-112.

[3] 陈金芳,万作芳.教育治理体系与治理能力现代化的几点思考[J].教育研究,2016,37(10):25-31.

（五）区域基础教育数据治理

区域数据治理源于20世纪末兴起的整体性治理理论，是对当时新公共管理碎片化的反思，强调在机制层面推进整体性协调，使得各部门、各级政府、公私部门得以凝聚合力，形成跨界协作的一种新型共治形态[1]。基于其"协调与整合"的整体性治理理念，有助于系统性理解基于数据流转，促进区域多元主体跨部门协作的逻辑进路，明晰基于数据赋能，消解治理边界，抽离既有制度提供"能力池"和"去中心化"决策场域的技术进路[2]，整体性治理推动区域教育数据治理实践的发展。

区域教育数据治理具备以下特征：第一，综合性。区域基础教育数据治理是针对区域内教育数据的治理，涉及多个领域、多个层面、多个部门，包括教育管理、教学资源、学生成绩、教师群体等，需要综合考虑各方面的因素。第二，动态性。区域基础教育数据治理是伴随着教育业务的运行以及发展变化而不断更新和调整的，以适应教育发展和变化的需求。第三，协作性。区域基础教育数据治理需要多个部门、机构的协作，包括教育部门、学校、家长和学生等，需要建立有效的协作机制和数据共享平台。第四，持续性。区域基础教育数据治理需要长期持续的投入和努力，需要建立完善的数据管理和评估机制，确保数据治理的可持续性发展。

综合来看，区域教育数据治理是通过制定数据治理策略、实施数据管理、优化数据资源和提升数据素养，实现区域基础教育数据的高效利用、安全保护和服务创新，是依托一体化智能平台，解决跨域教育议题，促使区域内教育内外等多主体围绕教育治理需求，促进数据跨系统、跨部门和跨层级流动，实现基于数据治理的集体决策和分发集成的数字化服务，激发教育部门、学校师生、社会教育力量的活力，促进教育治理形态集约化[3]。

---

[1] 章璐,侯浩翔.人工智能视阈下区域教育整体性治理:困境、转变与行动路径[J].远程教育杂志,2021,39(05):104-112.

[2] 南旭光,张培.智能化时代我国高等教育治理变革研究[J].中国电化教育,2018,(06):1-7.

[3] 章璐,许啸,侯元东,等.基于组合赋权法的区域教育数据治理体系构成要素研究[J].电化教育研究,2023,44(02):72-78.

二、数据治理的相关理论模型

数据治理是一项复杂的系统工程，其推进需要模型化思维。模型化思维是一种基于系统论的思维方式，是通过构建模型来简化复杂事物的理解与分析过程，从而帮助人们更好地理解、预测和解决问题。在数据治理中，模型化思维可以帮助我们建立数据治理的框架和策略，明确数据治理的目标、范围、角色、职责、规则、流程等。通过模型化思维，我们可以更好地组织和管理大数据，确保数据的质量、安全性和合规性，为组织发展提供更好的决策支持。因为数据治理目标、业务范围、理论视角等的不同，所以所构建的数据模型也有所不同。

（一）数据治理成熟度模型

IBM的信息治理成熟度模型（Information Governance Maturity Model，IGMM）是一个用于评估组织信息治理成熟程度的框架。该模型可以帮助组织了解其在信息治理方面的现状和不足，并提供改进的建议和方向。该模型可以从组织架构、制度体系、流程规范、技术应用和效果评估等方面评估组织的数据治理水平。通过评估，组织可以发现自己在信息治理方面的短板和不足，从而制定相应的改进措施和计划。

该模型将信息治理成熟度分为五个等级：

初始阶段（Initial）：组织的信息治理意识较低，缺乏明确的信息治理策略和程序。信息管理主要由IT部门负责，缺乏与其他部门的有效沟通和协作。

意识阶段（Consciousness）：组织开始意识到信息治理的重要性，并开始制定一些基本的信息治理策略和程序。信息管理开始由专门的部门或团队负责，但与其他部门的协作仍然不够紧密。

系统化阶段（Systematization）：组织已经建立了一套较为完善的信息治理（Information Governance）体系，包括政策、程序、技术和人员等各个方面。信息管理已经成为组织内部各业务部门的责任，并且与其他部门的协作更加紧密。

优化阶段（Optimization）：组织已经达到了信息治理的较高水平，已经形成了良好的信息治理文化，信息治理已经成为组织内部的一种习惯。组织的信息治理能力得到了极大的提升，能够有效地应对各种信息风险和挑战。

如图2-1所示，该模型：（1）提出了数据治理框架，包括数据治理的目标、范围、组织结构、流程、技术和工具等方面的内容，有效帮助组织建立数据治理的规范和标准，确保数据的质量和安全性。（2）提出了数据治理工具是支持数据治理实践的技术和平台，包括数据质量检查工具、数据安全监控工具、数据可视化工具等，以帮助组织自动化和规范化数据治理流程，提高数据治理的效率和质量。（3）确定数据治理流程，指导数据治理实践的具体步骤和方法，包括数据采集、处理、存储、共享、分析和应用等环节，以帮助组织规范数据治理的各个环节，确保数据的质量和安全性。（4）建立数据治理组织，负责数据治理实践的团队或部门，包括数据治理负责人、数据治理团队成员、数据治理专家等，以帮助组织形成数据治理标准，指导数据治理实践的规范，包括数据质量标准、数据安全标准、数据管理标准等，帮助组织规范数据治理的各个环节，确保数据的质量和安全性。

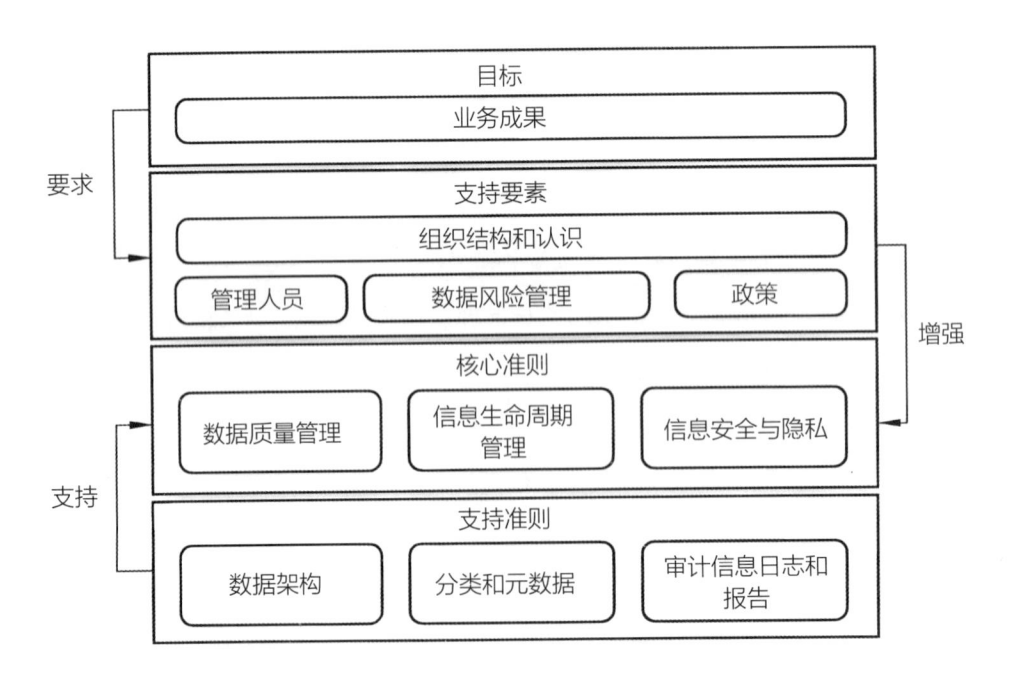

图 2-1 IBM 信息治理成熟度模型

（二）ISO/IEC 数据治理框架

ISO（国际标准化组织）和IEC（国际电工委员会）联合成立了ISO/IEC技术

委员会，2008年4月发布ISO/IEC 38500，为组织机构提供了治理原则和模式。随后ISO/IEC38500经过系列更新和修改，将IT治理原则和模型应用于数据治理的最新标准，形成ISO/IEC 38505—1。

如图2-2所示，该模型将数据治理定义为IT治理的一个子集或领域，为组织的管理机构成员提供了关于在其组织内有效、高效和可接受地使用数据的指导原则，包括责任、战略、采集、绩效、一致性、行动等，帮助识别与数据治理有关的内部和外部因素，指导管理机构在其组织内部使用和保护数据，建立数据治理字典，对IT系统创建、收集、存储或控制的数据开展治理，并影响与数据相关的管理过程和决策。[1]

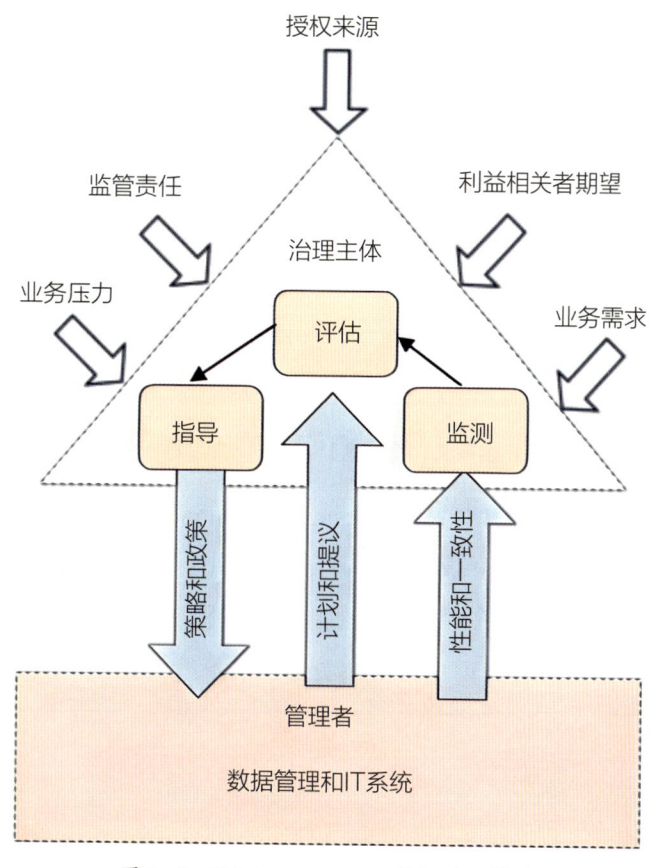

图 2-2　ISO/IEC 38505-1 数据治理模型

---

[1] 李鸣,郝守勤,何震.数据治理国际标准研究[J].信息技术与标准化,2017(Z1):48-52.

（三）COBIT2019 数据治理框架

COBIT（Control Objectives for Information and Related Technology）是一个信息技术领域广泛而全面的框架标准，定义了企业建立和维持最适合的IT治理系统所需的组件和设计因素。2018年11月COBIT2019发行，将治理分为两个方面：治理系统原则和治理框架原则，用以确保利益相关者的需求在企业目标的基础上得到评估和认同，通过确定优先次序和决策来确定方向，并根据既定方向和目标来监督绩效和遵守情况[1]（如表2-2所示）。

表2-2　COBIT2019 治理原则

治理系统原则	治理框架原则
1. 为利益相关者提供价值 2. 整体性的方法 3. 动态治理系统 4. 区分治理和管理 5. 为企业需求量身定制 6. 端到端治理系统	1. 基于概念模型 2. 开放和灵活 3. 与主要标准保持一致

如图2-3所示，COBIT2019核心模型包括5个领域，分别为"评估、指导和监控"（Evaluate, Direct and Monitor，简称EDM）、"调整、计划和组织"（Align, Plan and Organize，简称APO）、"建设、获取和实施"（Build, Acquire and Implement，简称BAI）、"交付、服务和支持"（Deliver, Service and Support，简称DSS），以及"监控、评价和评估"（Monitor, Evaluate and Assess，简称MEA）。其中，EDM领域对治理目标进行分组，用于管理机构评估战略方案，指导高级管理层选择战略方案，并监督战略的实现。管理目标被归入四个领域：APO领域涉及IT的整体组织、战略和支持活动；BAI领域处理IT解决方案的定义、获取和实施以及它们在业务流程中的整合；DSS领域处理IT服务的运行交付和支持，包括安全等；MEA领域处理绩效监控，以及IT与内部绩效目

---

[1] Cooke I . Developing the IT Audit Plan Using COBIT 2019[J]. Information Systems Control Journal, 2019(03):11-15.

标、内部控制目标和外部要求的一致性。[1][2]

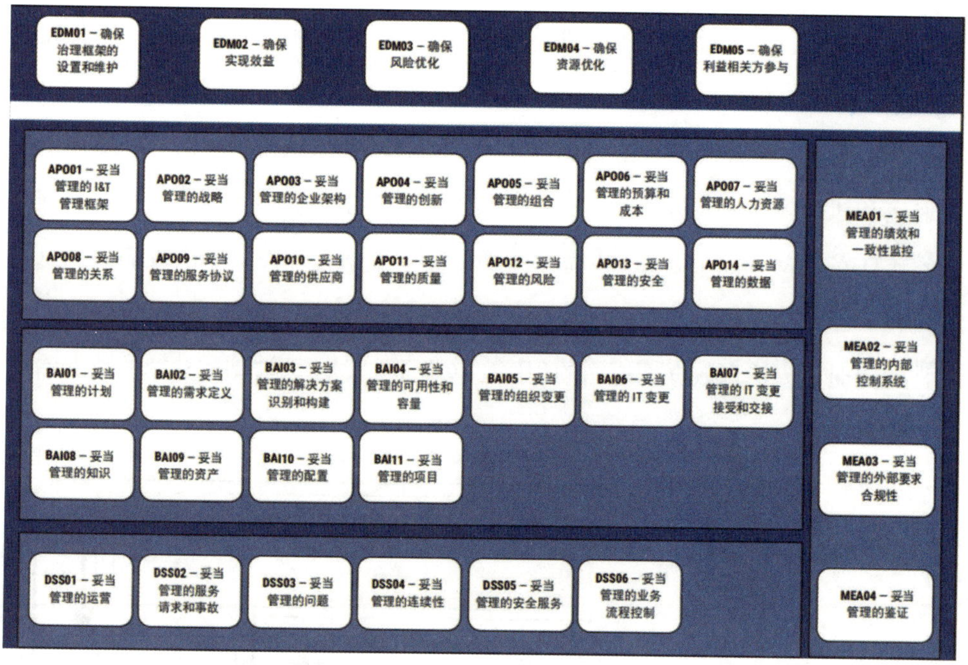

图 2-3 COBIT 数据治理核心模型

（四）DGI 数据治理框架

行业组织国际数据治理研究所（The Data Governance Institute，简称DGI）也提出了数据治理框架，希望通过循序渐进的过程配置各组织的数据治理和管理计划，帮助来自任何组织的各种数据利益相关者在确定其组织的数据治理管理计划及其产出时，能够以清晰的思路和目的走到一起。[3]

如图2-4所示，DGI数据治理框架包括了三个主要部分及十个次级部分[4]，以

---

[1] 郭群,包经纬.公司治理层面的信息系统内部控制探析——基于COBIT2019框架[J].现代管理,2021,11(2):96-103.

[2] 郭群,包经纬.公司治理层面的信息系统内部控制探析——基于COBIT2019框架[J].现代管理,2021,11(2):96-103.

[3] G.Thomas,How to use the DGI data governance framework to configure your program[R],Data Gov.Inst.,2009:17.

[4] The Data Governance Institute.DGI Data Governance Framework[EB/OL].[2021-09-01].https://datagovernance.com/the-dgi-data-governance-framework/.

"WHO—WHAT—WHEN—WHERE—WHY"模式进行组织。一是"规则和参与规则"部分，制定了数据治理项目中对数据进行创建、收集、整理和标准化的规则，并描述不同组织团体如何共同制定和执行这些规则，其中包括"使命和愿景""目标、治理指标和成功措施，以及筹资战略""数据规则和定义""决策权""问责制""控制"等次级部分。二是"人员和组织机构"部分，描述了参与制定和执行规则的人员和组织机构，包含了"数据利益相关者""数据治理办公室（Data Governance Office，简称DGO）""数据管理人"等次级部分。三是"流程"部分，描述了人员和组织机构在创造数据价值、控制，以及确保数据合规性的同时，为治理数据而遵循的程序，包含了"主动、被动和持续的数据治理过程"次级部分。

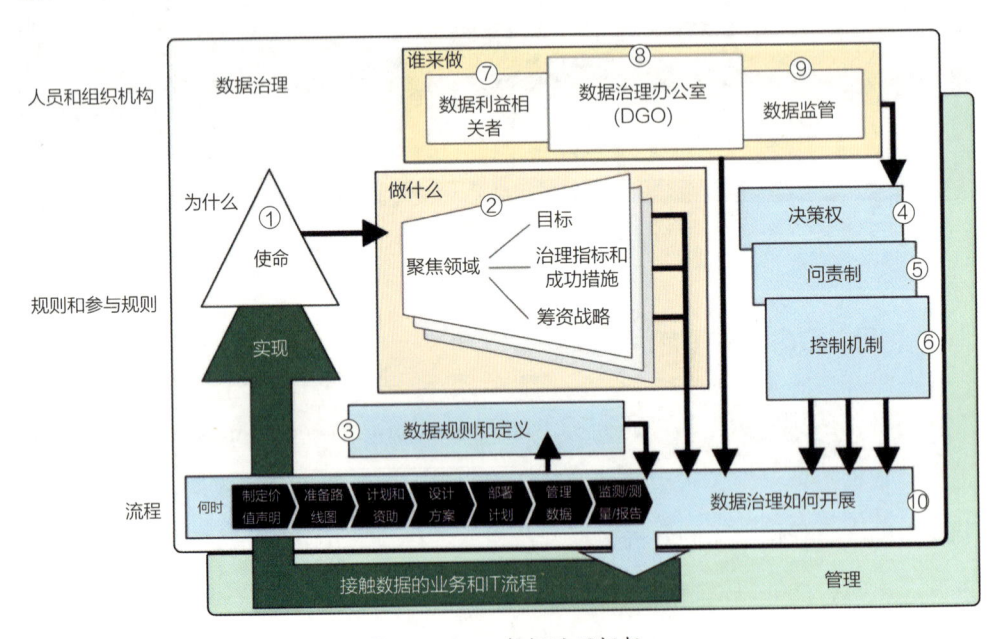

图 2-4 DGI 数据治理框架

三、教育数据治理的体系框架

（一）高等教育数据治理框架

相对于基础教育，高等教育在技术、人员、经费等方面具有优势，在数据治理方面的实践探索也较早。如图2-5所示，余鹏等围绕高等教育的治理需求，以技术为切入口，构建了一套基于"服务治理"与"数据治理"的数据生态闭环体系与数据治理框架。该框架围绕"数据采集→数据存储→数据清洗转换→数据交换共享→数据分析计算→数据应用服务"的数据治理周期流程开展，经数据标准单元、元数据单元、数据质量单元、数据资产单元、数据安全单元、数据集成单元的协同作用，实现数据治理的整体实施。[1]

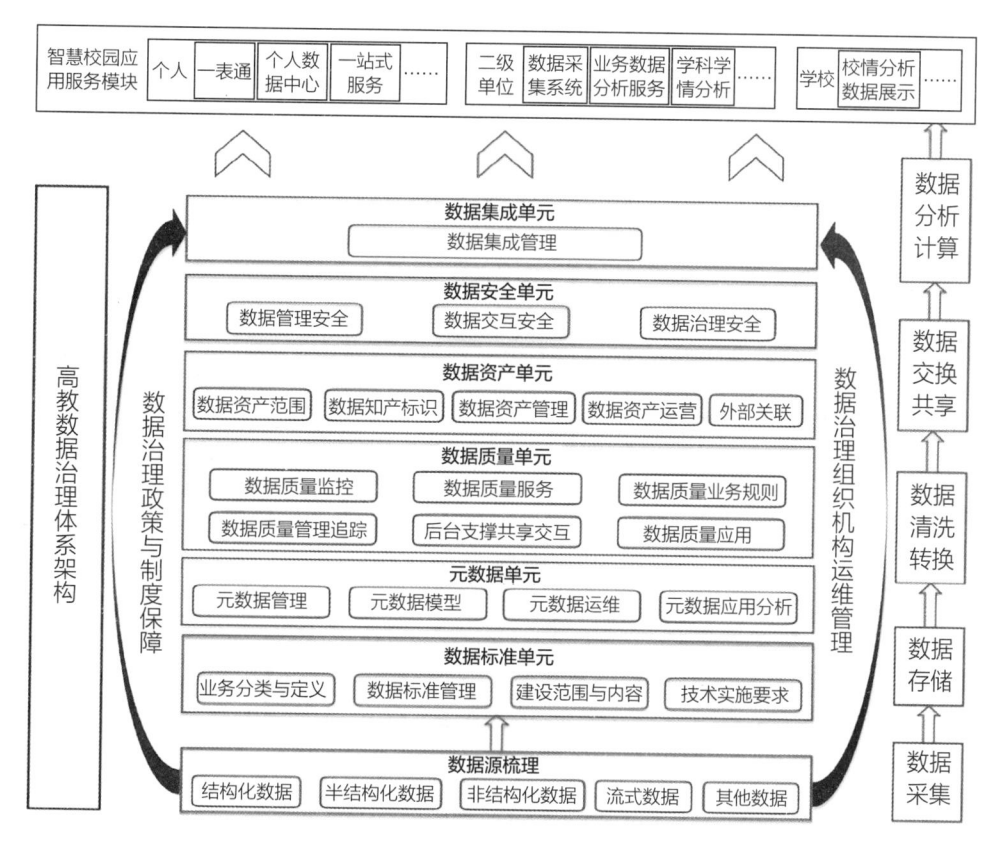

图 2-5　高等教育数据治理框架

（二）基于标准的教育数据治理框架

面对教育数据标准缺失、数据杂乱无章、数据融合困难、数据质量较低等问题，李青等人从标准研制的角度出发，总结归纳出数据治理的一般方法和途径，提出了一个教育数据治理框架。

---

[1] 余鹏,李艳.智慧校园视域下高等教育数据生态治理体系研究[J].中国电化教育,2020(05):88-100.

如图2-6所示，该框架提出教育数据治理应从组织机制、业务领域及关键技术三个方面推进。核心业务领域包括教育数据标准化、教育数据的融合共享和教育数据隐私保护。完善这三个业务领域需要两个基础条件：一是建立教育数据治理的组织架构；二是依据技术规范和实施办法建立治理平台，并通过多种技术手段和工具实现对教育数据的治理。

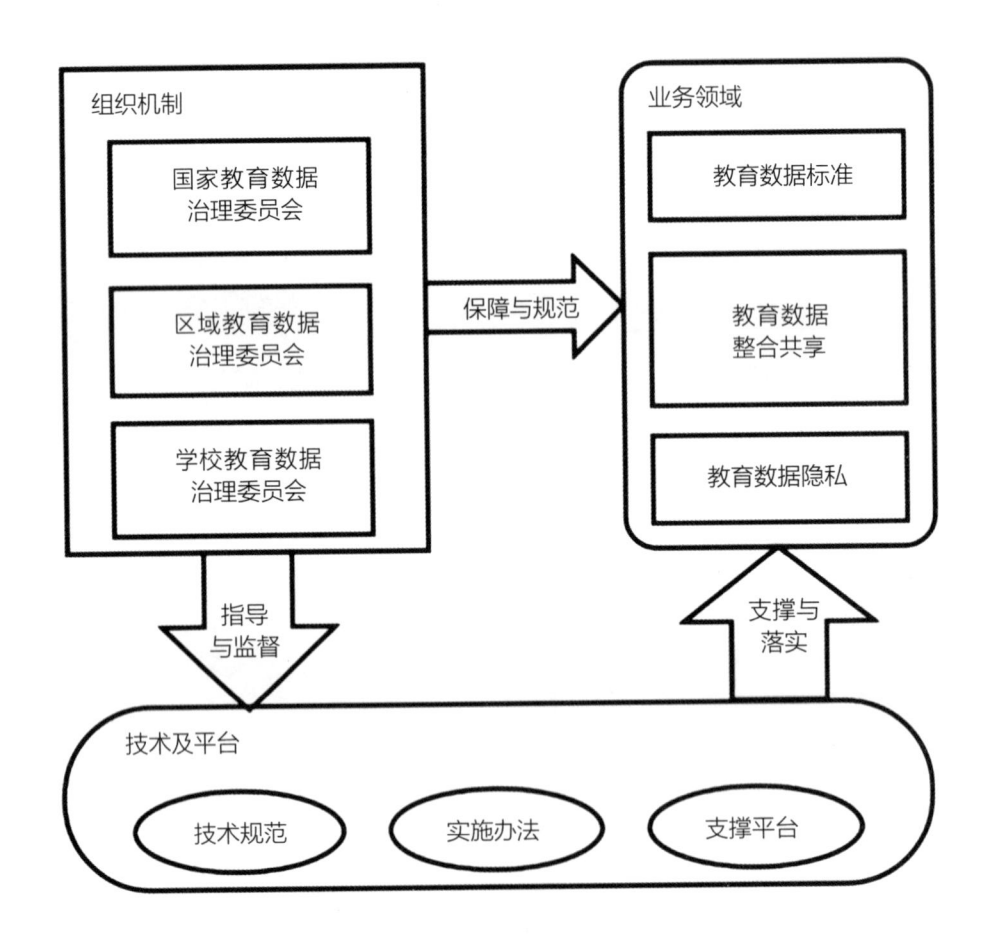

图 2-6 教育数据治理框架

（三）区域基础教育数据治理框架

针对区域教育数据治理，研究者们也提出了数据治理体系，如图2-7所示，涵盖目标、主体、客体、工具四个维度。数据治理目标不断拓展与升级，在数据流动贯通中带动数字资源的重新配置，使经济社会的运转以及治理建立在开源化、集成化、智能化的基础上，主动引领区域教育形成价值共创的数据利他生态。数据治理客体则在集成整合中变革发展，从以政府数字化转型为引领的重点突破，向政务服务智能化、校园服务数字化和社会服务一体化发展，以"一个政府"形态回应区域教育需求，信息空间成为重塑物理空间与社会空间的新载体。数据治理主体通过信息化部门、专班专岗业务部门，形成跨部门业务协同体系，一是面向"层级"实现市县校三级联动，二是面向"功能"促使区域内教育、民政、卫生等多主体围绕教育治理需求集成服务，三是面向"部门"聚合政府、学校和社会多方资源。治理工具推进整体性教育业务逻辑的深度融合，不仅包括技术要素方面，更需要以规则要素创新保障，从而构建数据治理体系。[1]

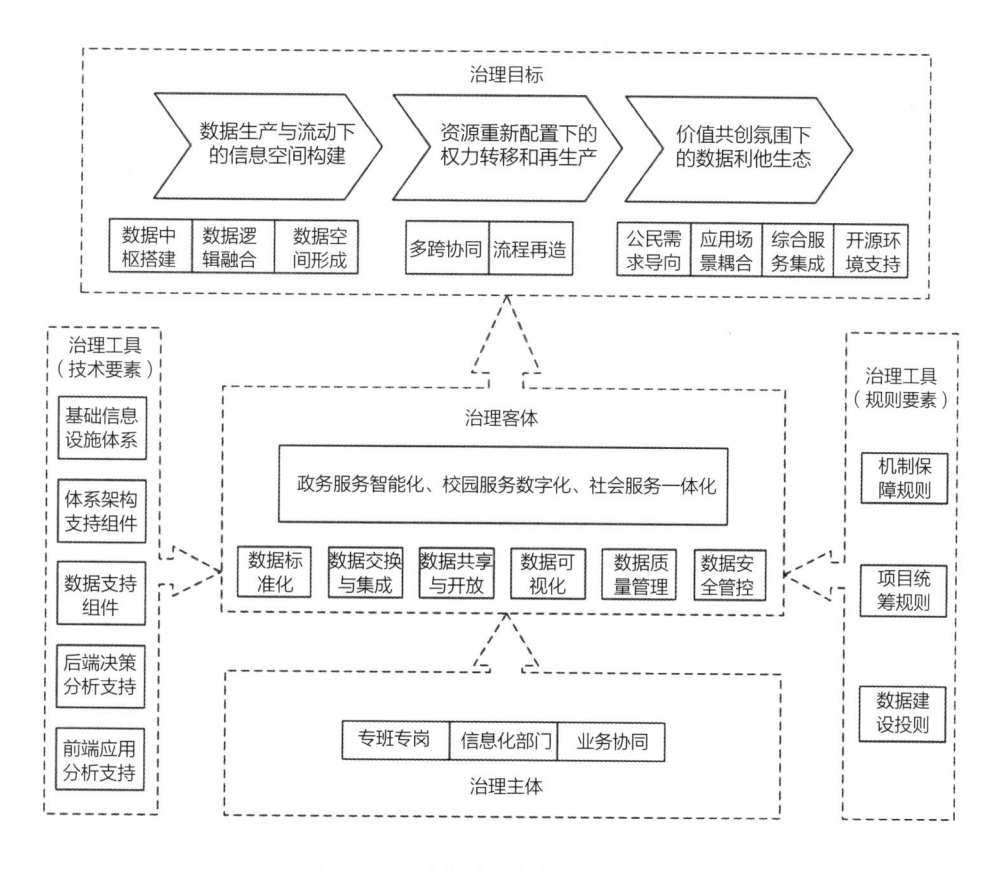

图 2-7 区域基础教育数据治理体系

---

[1] 章璐,许啸,侯元东等.基于组合赋权法的区域教育数据治理体系构成要素研究[J].电化教育研究,2023,44 (02):72-78.

1. 区域教育数据治理目标

目标是针对区域内具体教育数据管理的顶层规划和控制[1]，为区域教育数据治理体系优化发挥了价值引领作用。目标存在三层结构的阶段性任务：实现数据流动是基本目标，是上层目标实现的前提，需要搭建数据中枢，为数据空间形成提供载体；教育业务逻辑与数据逻辑的融合，是一切教育数据得以转化为功能的关键，也是最终形成线上线下贯通的信息空间的意义。数据资源重新配置下的组织结构变革是进阶目标，打破条块分割、单部门内循环模式，实现纵向省、市、县、校各层级的自上而下统筹和自下而上应用场景创新相结合，横向各部门、各领域跨场景协作，一体推进以发挥整体性数据治理的最大效应。价值共创氛围下数据利他生态的形成是终极目标，以应用场景耦合、综合服务集成和开源智能环境（一体化智能化公共数据平台+"数字大脑"）的支撑，推动区域教育数据共建共享，激发数据生产要素对区域教育功用的放大、叠加、倍增作用。

2. 区域教育数据治理主体

数据的多向流动强化了区域教育治理不同主体间的依存关系[2]，除传统信息化部门、业务部门及业务协同体外，依托一体化智能化公共数据平台，重构以场景为中心的工作组替代原先以职能划分的组织架构，可将相关治理主体快速拉入虚拟治理空间，打造形成灵活解决区域教育需求的治理大共同体。其中，教育"数字大脑"建设工作领导小组、教育系统数字化改革工作领导小组等是区域教育数据治理的中心决策层；数字化转型办公室是数据治理的组织协调机构，尤其是对跨部门、跨职能、跨层级的治理活动具有整合与协调作用；学校信息化建设委员会、首席信息官（CIO）和数字专员等是学校和各业务部门的数据事务对接人，负责将教育数据治理的政策和标准规定落实到具体的数据管理活动中。

3. 区域教育数据治理客体

教育数据治理既是面向教育的数据治理，也是针对教育数据的治理，在提

---

[1] 夏义堃.试论政府数据治理的内涵、生成背景与主要问题[J].图书情报工作,2018,62(09):21-27.

[2] 陈良雨,陈建.大数据背景下的教育治理能力现代化研究[J].现代教育技术,2017(02):26-32.

高数据质量和保护数据安全的基础上，从数据中获取最大价值[1]。区域教育数据治理客体包括了基于教育业务范畴的主题数据和数据本身相关事务。与学校数据治理不同，区域教育数据的流动基于一体化智能化公共数据平台上的应用集成，与不同部门、主体、地域相结合，形成包括基础设施公共底座和针对具体治理场景的应用创新两部分的"大脑+"系列产品[2]。其中，主要事务数据标准化、数据交换与集成、数据共享与开放、数据可视化、数据质量管理、数据安全管控等。区域教育主题数据来源于政务服务、校园服务和社会服务三类数字化转型场景，以集成方式跨部门和跨业务汇聚数据资源，通过对这部分主题数据的治理，能够反哺形成教育业务服务的多跨协同模式，促进治理流程再造，为公众提供无缝隙的教育服务。

4.区域教育数据治理工具

这是主体作用于客体最终达成目标的关键中介要素，包括技术与机制两方面。区域教育数据治理工具中的技术要素包括：构建基于Saas的云边端结构，以Hadoop为主的技术架构体系。规则要素主要是针对数据建设、项目统筹和机制保障三方面的规则。如教育数字化建设中的"专班运作"、"全省一地创新全域共享"、"一把手"负责制、学校首席信息官（CIO）、数字专员机制，将数字化能力纳入教师专业发展激励范畴和领导班子考核体系等。

---

[1] 曹建军,刁兴春.数据质量导论[M].北京:国防工业出版社,2017.
[2] 郁建兴,黄飚,高翔,沈永东,谈婕.浙江建设"重要窗口"的制度基础[J].浙江工商大学学报,2021(01):5-17.

第三章
我国区域基础教育数据治理现状调研
——以 N 市为例

一、调查概述

（一）调研目标

为进一步提升N市教育数据治理工作水平，了解实际情况与需求，为下一步政策规划制定与实践推进提供重要依据，本调研采用问卷调查法，调查N市基础教育数据治理现状。调查对象主要为区教育行政部门、教育事业单位、信息化或数据治理部门相关管理者、基层学校管理者、信息化或数据治理专业人员等。

（二）问卷设计

问卷分为七个部分，如表3-1所示，第一部分为基本信息，主要采集被调查者所在单位的性质、个人身份、学校学段、所在区域等信息，共4道题；第二部分为教育数据治理意识，共5道题，主要是了解被调查者对数据治理的知晓程度、重视程度、培训经历、参与意识，及其对教育的价值认知等；第三部分为教育数据治理的组织架构，共6道题，主要了解部门机构设置与权责分工、治理团队与职责等；第四部分教育数据治理能力，共4道题，主要了解被调查者数据获取、处理、运用和安全防范能力；第五部分为教育数据治理规则制度，共8道题，主要了解教育数据治理过程中的规划设计、制度、标准等情况；第六部分为教育数据治理工具，共15道题，主要调研教育组织在数据采集、处理、分析、元数据管理等方面的工具应用，以及数据中台、数据驾驶舱的建设应用情况；第七部分问题与挑战，共4道题，关注区域教育数据治理中问题、挑战、趋势预测与对策建议。

问卷选项有两类，一类是由事实性数据作为选项，主要调查数据治理实践现状；另一类是如数据意识、数据治理能力等倾向性判定，采用五级李克特量表。

表 3-1　问卷设计维度

一级维度	二级维度	一级维度	二级维度
基本信息	部门性质	数据治理能力	数据获取能力
	个人身份		数据处理能力
	学校学段		数据运用能力
	所在区域		数据安全防范能力
数据治理意识	知晓程度	数据治理规则制度	数据治理规划设计
	重视程度		数据治理规章制度
	培训经历		数据治理标准
	参与意识	数据治理工具与服务	数据采集工具
	对教育的价值判定		数据处理工具
数据治理架构	最高主管		数据分析工具
	负责部门		元数据管理工具
	部门职责		数据中台
	治理队伍		数据驾驶舱
	政府角色	数据治理问题与挑战	问题
	学校角色		挑战
			发展趋势
			对策建议

（三）调查实施

本次调查问卷由N市教育信息化负责部门负责组织，面向N市市直属校、各区学校，通过电子问卷方式收发，回收206份，有效问卷206份。

如表3-2所示，被调查者主要是学校管理者，占比74.27%；直属教育事业单位、教育行政管理部门人员占25.73%。从职业身份上来看，主要是从事信息化工作的领导与工作人员，占比72.4%。从区域分布上看，N市13个区均有涉及，其中JY区最多，占比32%。参与调查的学校主要集中在小学和初中，占77.18%，高中和幼儿园各占8.05%，其他类型的学校比较少。

表 3-2　调查样本概况

名称	选项	频数	百分比(%)
部门性质	教育行政管理部门	15	7.28%
	直属教育事业单位	38	18.45%
	学校（幼儿园）	153	74.27%
个人身份	非信息化部门领导	12	5.83%
	信息化部门领导	73	35.44%
	非信息化工作人员	45	21.84%
	信息化工作人员	76	36.89%
所在区域	市直属	23	11.17%
	XW 区	2	0.97%
	QH 区	1	0.48%
	JY 区	66	32.04%
	GL 区	12	5.83%
	PK 区	15	7.28%
	QX 区	18	8.74%
	YHT 区	10	4.85%
	JN 区	4	1.94%
	LH 区	25	12.14%
	LS 区	18	8.74%
	GC 区	10	4.85%
	JBX 区	2	0.97%
	合计	206	100.00
学校类型	高中	12	8.06%
	初中	52	34.90%
	职业学校	2	1.34%
	小学	63	42.28%
	幼儿园	12	8.05%
	九年一贯制学校	6	4.03%
	十二年一贯制学校	2	1.34%
合计（153位学校被调查者中4位没有选学校类型）		149	100.00

高中与幼儿园都为 8.054%，四舍五入后总和为 99.99%。按照统计要求，选择对高中数值微调 0.01%，以确保总和为 100%。

二、N市基础教育数据治理的概况分析

（一）教育数据治理意识的概况

在5分等级评判中，N市教育数据治理意识相对较好（3.76），其中，参与数据治理意识最高（4.43），对教育变革的价值认识次之（4.33），对数据治理重视程度也不低（4.17），对数据治理的知晓程度相对较低（3.56），以及接受过数据治理培训的得分不高（2.27）。从比例来看，如图3-1至图3-4所示，多数被调查者（59.71%）对教育数据治理有较为深入的了解，绝大多数人对数据治理的重视程度非常高（81.55%），都认识到数据治理对教育改革的价值所在（83.99%），并愿意积极参与教育数据治理（88.84%）。

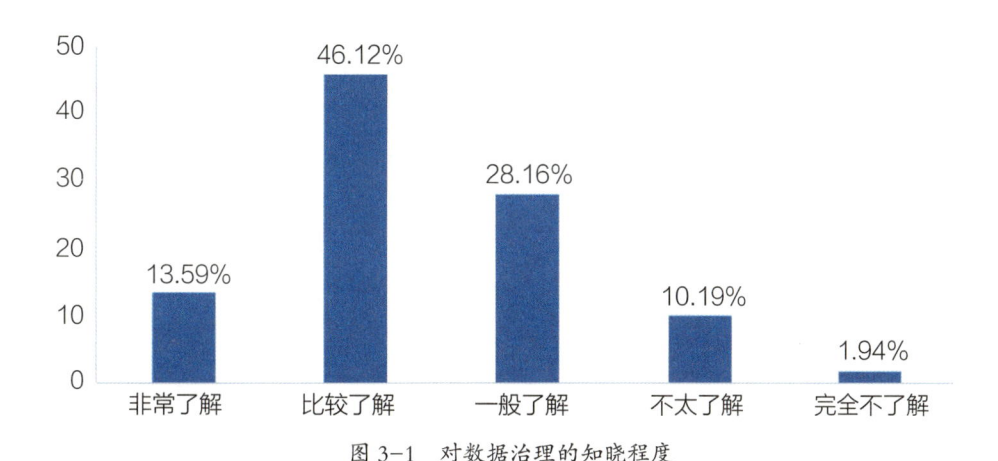

图 3-1 对数据治理的知晓程度

图 3-2 对数据治理的重视程度

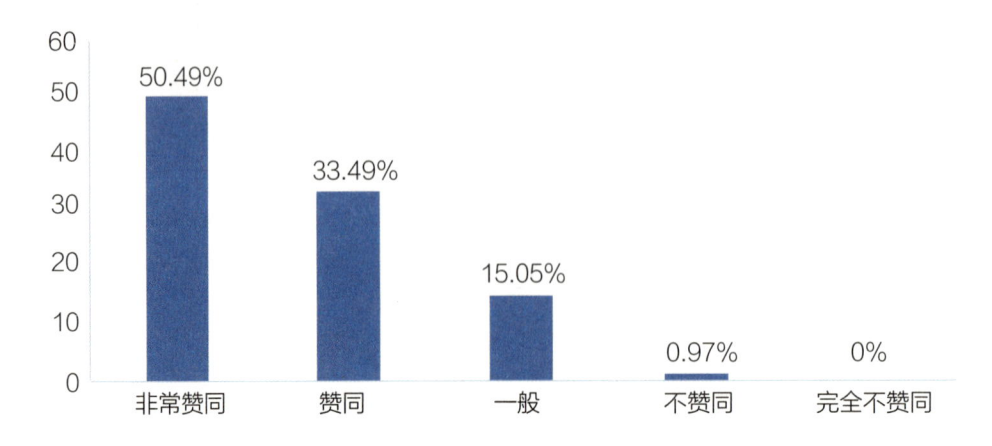

图 3-3 数据治理对教育的价值认知

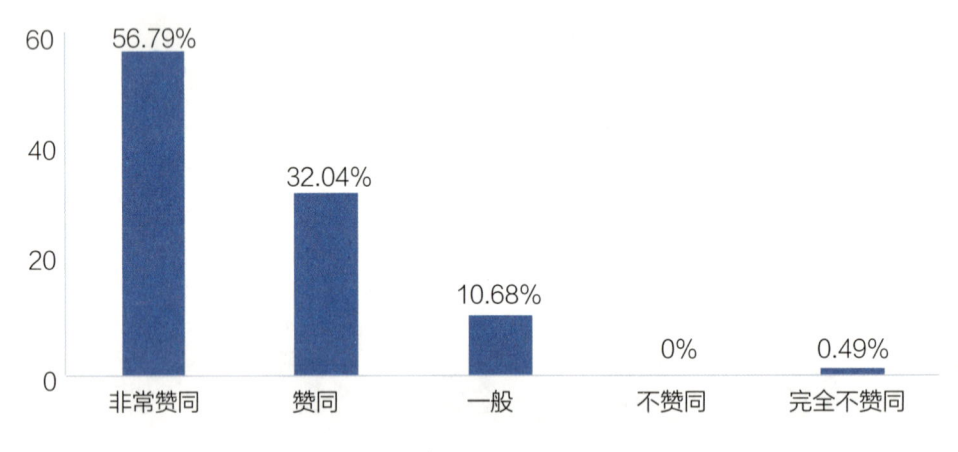

图 3-4 参与数据治理的意愿

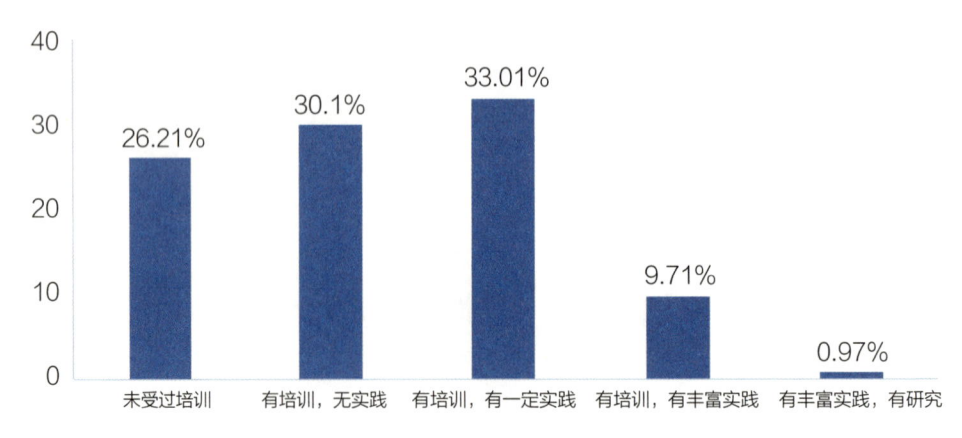

图 3-5 参与数据治理的相关培训

在参与数据治理的培训方面，如图3-5所示，72.82%的被调查者都接受过数据治理的相关培训，43.69%有一定数据治理实践经验，但也有26.21%的被调查者没有接受过任何数据治理培训。

整体而言，N市基础教育数据治理有了一定的共同愿景，对数据治理的重要性和教育价值有较为充分的认识。

（二）教育数据治理能力的现状

被调查者对所在单位的教育数据治理能力评价较好（3.98），具体来看，在教育数据获取能力（3.95）、处理能力（3.97）、应用能力（3.96）、安全防范能力（4.03）等四个方面都比较均衡。不过这种教育数据治理的自我评价是否真实反映教育组织的真实水平，还需要做进一步的论证。

（三）教育数据治理组织架构的现状

1. 绝大多数教育组织都有数据治理负责机构

整体来看，如表3-3所示，数据治理作为教育信息化建设的重要事务，主要依托已有教育信息化体制开展。超过75%的单位由教育信息化部门负责，少部分建立了教育数据治理专班，个别单位由综合办公室负责，不过也有近17%的单位没有教育数据治理负责部门。

表3-3 教育数据治理负责机构建设概况

负责单位	数量	比例
教育信息化部门	155	75.24%
教育数据治理专班	10	4.85%
没有负责机构	35	16.99%
其他部门	4	1.94%
不清楚	2	0.97%
总计	206	100%

2. 绝大多数教育组织的数据治理部门有明确职责

大部分被调查者都明确知道教育数据治理部门的主要职责，并有着较为一致的认识。如表3-4所示，协调和管理区域内教育数据资源、提供教育数据治理的培训和服务选择比例都超过90%。这反映出教育数据资源的管理整合，相关人员的培训和服务支持，是当前N市教育数据治理的核心工作。当然数据治理的监督评估、技术支持也是其重要职责。

表3-4 教育组织教育数据治理职责概况

类目	选择人数	占比
制定和执行教育数据治理政策和规定	177	85.92%
协调和管理区域内教育数据资源	195	94.66%
提供教育数据治理的培训和服务	189	91.75%
监督和评估数据治理	173	83.98%
提供数据治理技术支持	170	82.52%

3. 教育数据治理队伍建设的概况

如图3-6所示，N市各级教育组织主管教育数据治理工作的最高官员大多数都是单位内部的最高领导或分管副职领导（80.58%），这说明N市基础教育领域对教育数据治理比较重视，从体制上给予了来自行政的权威保障，然而也有少部分的教育组织没有教育数据治理的主管领导。

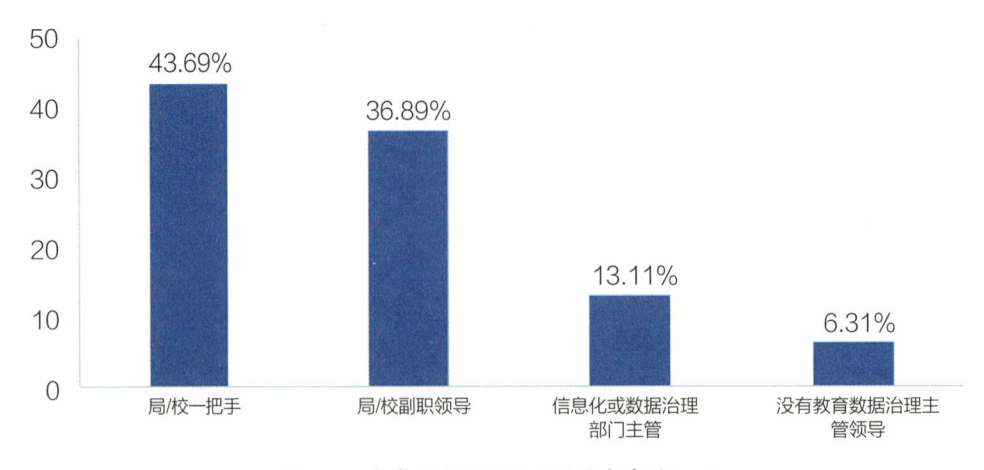

局/校一把手	局/校副职领导	信息化或数据治理部门主管	没有教育数据治理主管领导
43.69%	36.89%	13.11%	6.31%

图3-6 负责教育数据治理的最高官员概况

在教育数据治理队伍建设上,只有57.28%的组织有专门队伍,近半数教育组织尚未有数据治理队伍。队伍力量的不足,可能使得教育数据治理实践很难落到实处,而陷入知晓、重视却难践行的困局。

4.政府与学校在教育数据治理中的角色定位

政府与学校作为基础教育数据治理的主体,其所扮演的角色有相同之处,也有差异。如表3-5所示,按照角色排序得分,政府需要扮演的是领导者、协调者、监督者、提供者、促进者等角色,学校需要扮演的是领导者、协调者、监督者、执行者、用户等角色。相似之处在于两者都需要发挥领导、协调、监督等作用,学校则更侧重于教育数据治理相关政策的执行,以及作为用户享受相应的教育数据服务。

表3-5 政府与学校扮演角色得分

类目	领导者角色	协调者角色	监督者角色	提供者角色	促进者角色
政府扮演	5.5	4.21	3.46	3.13	2.26

类目	领导者角色	协调者角色	执行者角色	监督者角色	用户角色
学校扮演	4.52	4.19	3.68	3.09	2.68

(四)教育数据治理规则制度的现状

教育数据治理规则制度主要针对在教育信息化部门的领导和工作人员进行调查,被调查者有149个。N市负责教育数据治理的大多数组织都有明确的教育数据治理目标和任务(71.14%)。如图3-7所示,超过80%的被调查者将"推动教育数据集成与共享、数据赋能教育资源配置、数据赋能教育教学质量提升、数据赋能教师专业发展"作为教育数据治理的重要目标。

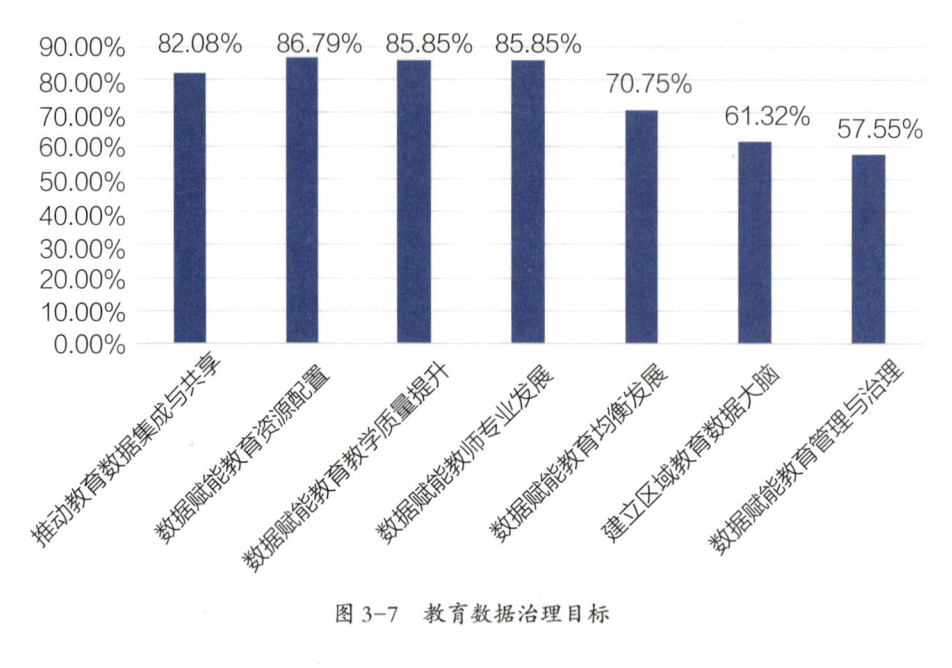

图 3-7　教育数据治理目标

为达成教育数据治理目标，N市大多数组织都制定了教育数据治理相关制度（70.30%），绝大多数（95.18%）的数据治理制度都能够得到落实。如图3-8所示，数据治理相关制度中，数据安全隐私保护制度、数据资产管理制度超过80%，不过数据权限分级分类制度的制定比例则比较低（61.54%）。

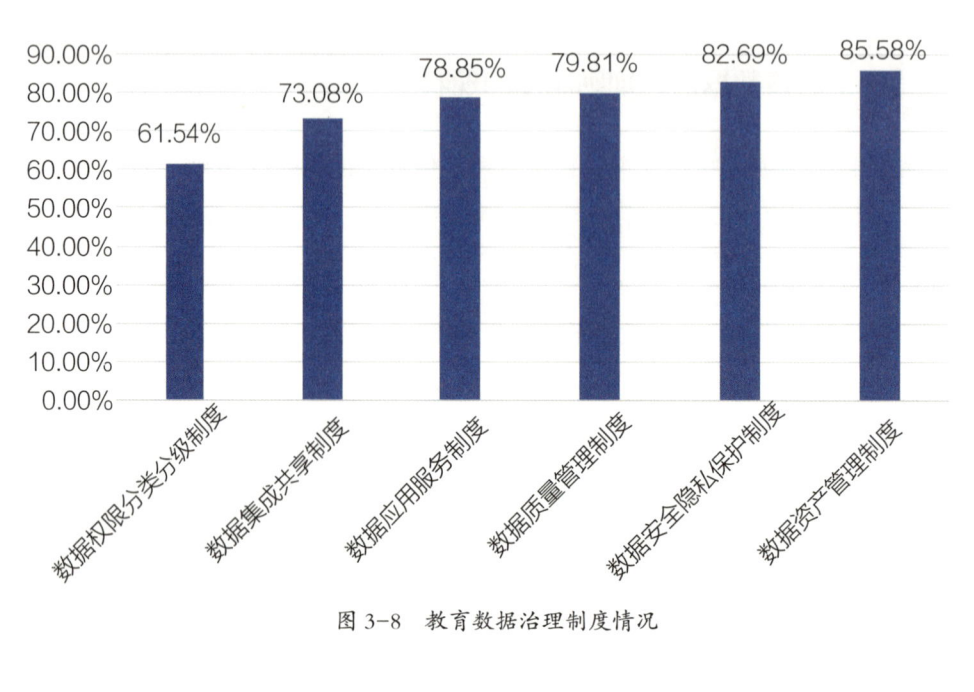

图 3-8　教育数据治理制度情况

如图3-9所示,N市教育数据治理参照相关标准(56.08%)的比例刚过半,不算很高。当然,参照相关标准的教育组织,91.57%的都能落实绝大多数标准。相关标准中,元数据标准(40.96%)和数据字典标准(40.96%)应用比例较低,这可能与N市基础教育数据治理的实践推进不多有一定关系。

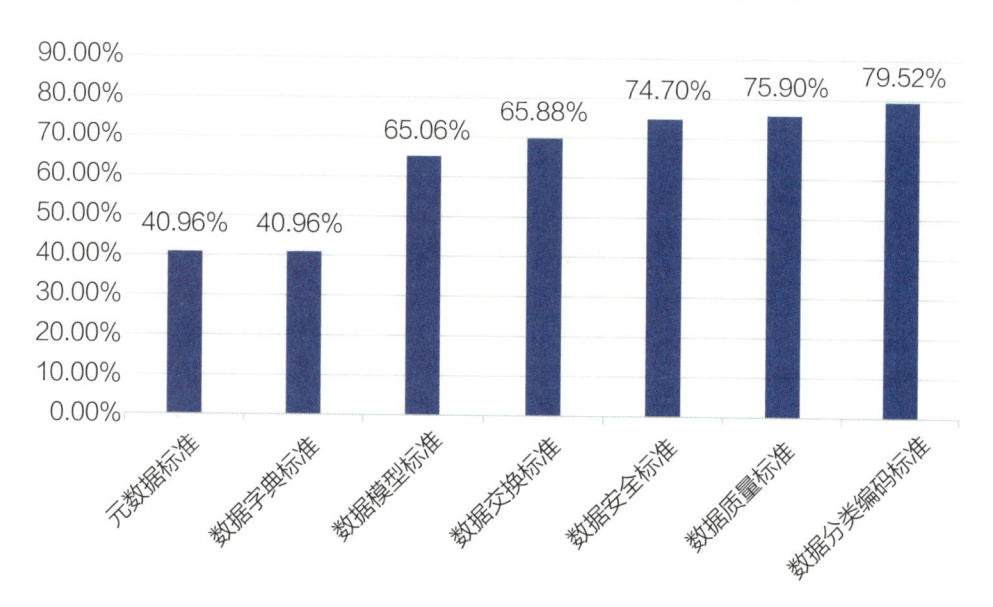

图 3-9　教育数据治理标准情况

(五)教育数据治理工具与服务的现状

1. 教育数据采集方式的分析

数据采集是数据治理的起始,N市教育数据的采集,如图3-10所示,能实现大多数数据以智能无感知采集的比例不高(31.55%),半数以上的数据还是以人工手动采集为主(68.45%),数据采集的高人力成本,可能会影响教育大数据的形成。

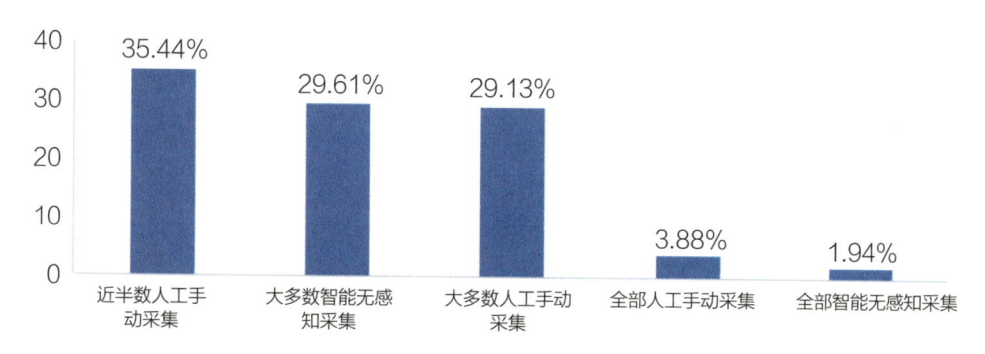

图 3-10　数据采集工具

如图3-11所示，从数据类型来看，N市基本完成了对师生基础数据的采集，这与我国十多年教育管理信息系统的推进有关。而考试成绩数据、教与学过程数据、过程性评价数据的采集占比也不算低，说明基础教育领域对学生学习与学业评价数据的采集情况良好，为智慧教学奠定了较好的基础。相对而言，教育行政管理数据占比53.40%，在所有数据类型中较低，说明我们对教育管理过程的数据采集还有较大的提升空间。

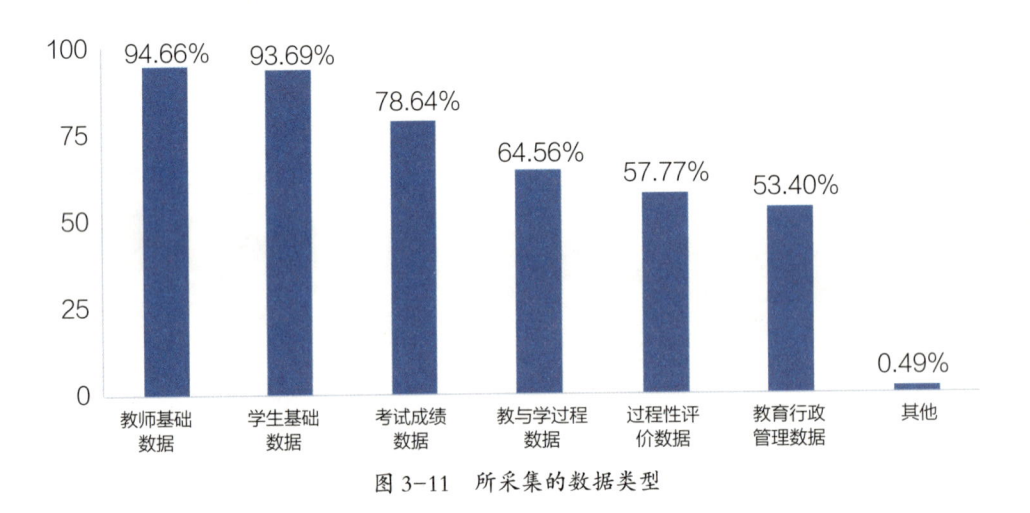

图 3-11　所采集的数据类型

2. 教育数据治理工具的应用情况

从调查数据来看，多数单位都使用了教育数据处理工具（70.27%），半数以上单位使用了数据分析或服务工具（58.74%），而元数据工具的使用非常低（24.32%）。综合来看，近三分之一单位（29.73%）没有应用教育数据处理工具，说明这些教育组织尚未真正开展教育数据治理实践。既有的教育数据治理实践中，近半数教育组织主要还是以教育数据采集、存储为主，对数据的分析与挖掘服务不足，尤其是能够支持教育数据智能挖掘的元数据业务比例很低。

在教育数据处理工具的应用上，如图3-12所示，主要用于数据的存储和整理，在数据转换与数据清洗方面的应用比例较低。这说明N市基础教育数据治理主要还是以采集、存取为主，跨组织、异构系统的数据交换与整合实践相对较少。

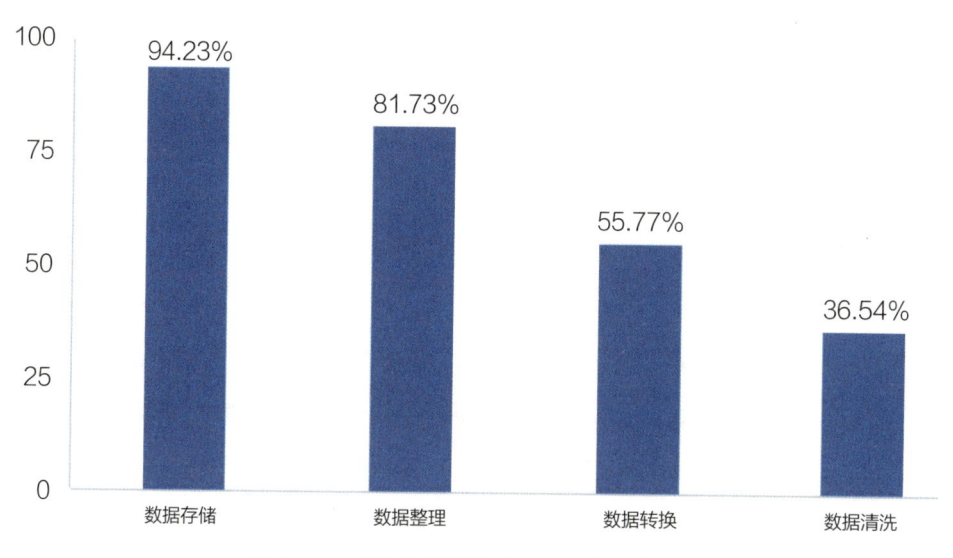

图 3-12　不同类型数据处理工具应用情况

在数据分析或服务工具的应用上，如图3-13所示主流的数据分析服务都有，尤其是数据可视化服务占比最高。相对而言，基于数据的决策支持、数据建模服务等高阶的数据应用服务比例不算很高，还有较大的提升空间。

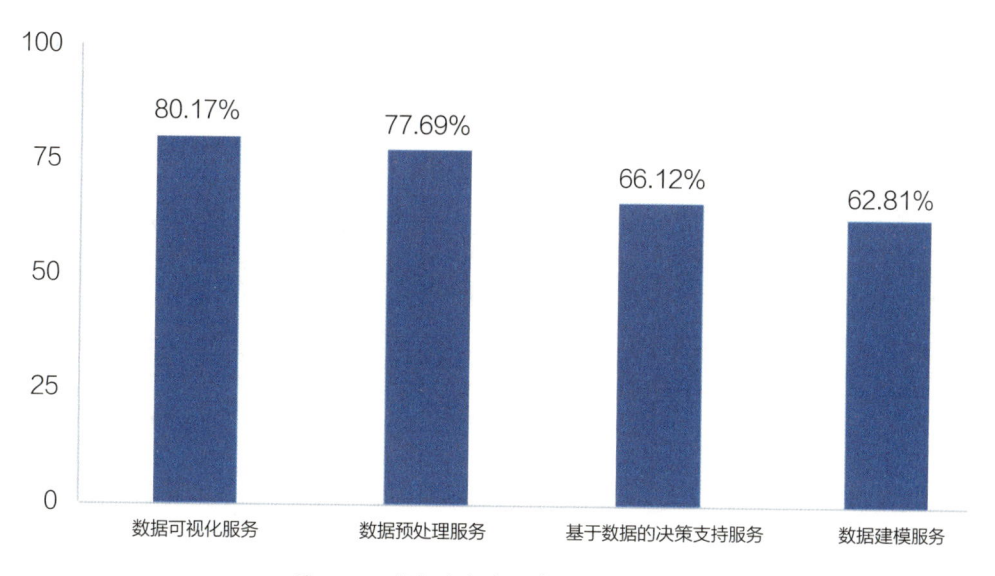

图 3-13　数据分析或服务工具应用情况

3. 教育数据中台与数据整合情况

在206个被调查者中，47.57%的单位拥有数据中台，52.43%的单位暂未成立数据中台。因为从国家政策导向来看，一般不鼓励学校自建数据中台，所以这一数据并不意味着N市数据中台的数量不够，但过半被调查者没有用过数据中台，可能反映出N市基础教育领域数据中台的建设或应用推广还不够。

如表3-6所示，在用的数据中台中，多数被调查者认为已经实现了对大部分教育应用数据的整合（70.41%），有少数单位极少整合（3.06%）或未整合（1.02%）教育应用数据，能够实现全部数据整合的比例较低（17.35%）。N市数据中台在教育应用的数据整合上还需要更加深入的推进。

表3-6　数据中台的数据整合与同步情况

类　目		百分比
数据中台整合各类教育应用数据的程度	未整合	1.02%
	极少整合	3.06%
	部分整合	25.51%
	大部分整合	53.06%
	全部整合	17.35%
	总计	100.00%
数据中台数据和教育应用中数据间同步情况	手动同步更新	22.45%
	动态自动同步更新	56.12%
	尚未实现同步更新	9.18%
	不了解	12.24%
	总计	100.00%

数据中台的数据是手动导入，还是自动同步了？调查显示，数据中台与各类教育信息系统中的数据实现动态自动同步更新（56.12%）是主流，这说明在数据中台的开发中，在技术层面上实现了与教育信息系统间有效的数据同步，这能

有效避免数据中台变成"数据死水"。然而也有相当一部分单位（22.45%）仍然依赖手动同步更新，有9.18%的单位尚未实现同步更新，这就可能会导致数据中台与数据采集应用间的脱节，从而使得数据中台沦为摆设。

如图3-14所示，数据中台所整合的数据类型，主要以师生基础数据为主，教师研修数据和教师培训学习数据整合度次之，学生学习数据和教师教学数据整合度居中，教育行政管理数据的整合度最低。对不同类型数据的整合程度应该与数据采集程度紧密相关。这种数据整合情况说明目前我们主要还是针对师生的基础数据进行管理与挖掘，在教师发展与教学过程数据采集与分析上有较好的基础，对教育行政管理过程数据的整合与应用最低，基于数据治理的教育管理过程优化、教育治理的改进还有较大的改革发展空间。

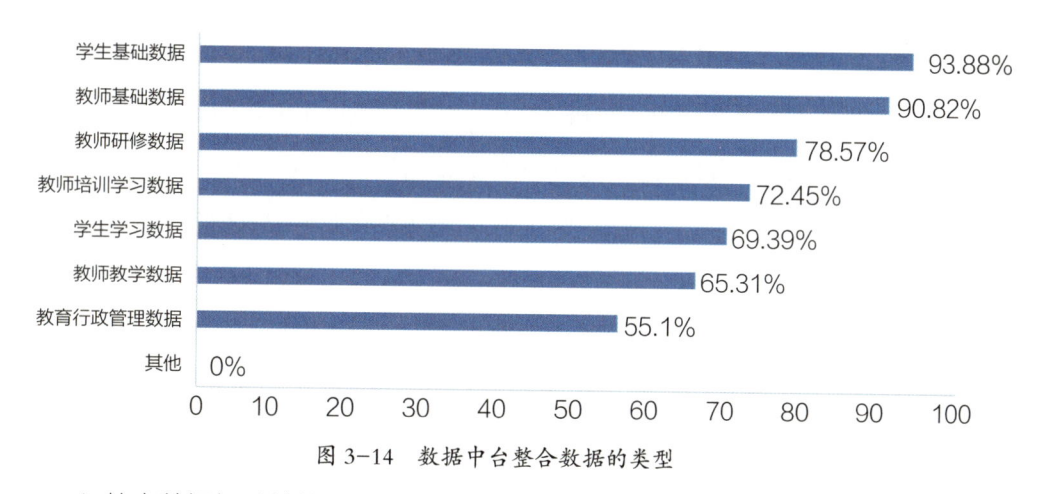

数据类型	比例
学生基础数据	93.88%
教师基础数据	90.82%
教师研修数据	78.57%
教师培训学习数据	72.45%
学生学习数据	69.39%
教师教学数据	65.31%
教育行政管理数据	55.1%
其他	0%

图3-14 数据中台整合数据的类型

4. 教育数据驾驶舱的建设情况

教育数据驾驶舱是为用户提供教育数据服务的主要技术形态。在206个样本中，只有24.27%的被调查者单位有驾驶舱，这表明教育数据驾驶舱这种主流的教育数据服务方式，并没有在N市教育数据治理实践中得到广泛应用，也间接说明教育数据的服务实践开展程度不高，教育数据价值的挖掘有很大不足。

如图3-15所示，在拥有教育数据驾驶舱的50个被调查者中，大部分单位采用图表方式进行数据可视化呈现。地图展示、仪表盘展示也能为多数单位采用，这两种方式对于空间分析和绩效评估尤为有用。而基于人机交互的个性化数据展示占比54%，这说明一半以上的数据驾驶舱设计开发考虑了用户的需求和偏好定制，数据可视化服务的针对性更强。

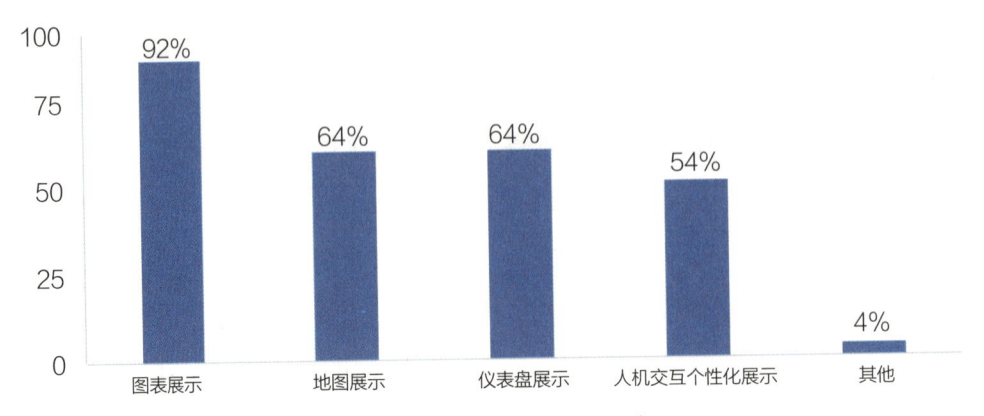

图 3-15 教育数据可视化方式情况

（六）教育数据治理的问题与挑战

N市基础教育数据治理存在哪些问题？如表3-7所示，根据被调查者的排序，数据共享不多是当前N市教育数据治理最大的问题。数据标准化差位列第二，说明目前不少教育应用之间缺乏标准，数据规范度不够，会极大影响数据的整合与共享。数据服务匮乏、数据安全性弱位列第三、第四，这并非意味着数据服务与数据安全问题不大，而是因为这两个是建立在充分的数据共享与数据整合之上的。数据技术水平低、数据质量差排在最后，这与被调查者参与教育数据治理实践的层次有关，也与目前N市教育数据治理实践推进还没有到技术实现层面有关。

影响N市教育数据治理推进的主要因素是什么？综合排序得分可以看到，缺乏技术支持被提及的频率最高，排第一位，这说明被调查者认为数据治理最缺乏的是技术支持。技术支持的不足，一方面是源于专业人员的缺乏，另一方面也因为经费不足而无法从外部购买技术服务，所以缺乏专业人员、缺乏资金支持被排到了第二位和第三位。相对而言，政策引领、部门条块分割、机制匮乏等并没有被列为主要影响因素，尤其是一把手不重视被列为最后。从这个排序来看，被调查者对影响教育数据治理的因素认知，更多还是直观感受，从外到内归因。

表 3-7　教育数据治理存在的问题与影响因素排序

存在问题	排序得分	影响因素	排序得分
数据共享不多	4.44	缺乏技术支持	6.37
数据标准化差	3.88	缺乏专业人员	5.86

（续表）

存在问题	排序得分	影响因素	排序得分
数据服务匮乏	3.59	缺乏资金支持	5.24
数据安全性弱	3.4	缺乏政策引领	3.62
数据技术水平低	2.82	部门条块分割	2.49
数据质量差	2.61	没有政策机制	1.77
其他	0.07	一把手不重视	1.28

三、N市基础教育数据治理的差异分析

（一）不同类型部门在教育数据治理方面的差异分析

基础教育领域与数据治理相关的教育组织类型大致可以分为三类，一类是如教育局等行政管理部门，一类是教育发展中心等直属教育事业单位，一类是学校。不同类型的教育组织，其教育数据治理存在一定差异。

1. 不同类型部门教育数据治理意识差异不大

如表3-8所示，整体而言，在数据治理意识上，如对教育数据治理的知晓程度、重视程度、参与意识上，从高到低排序，依次为教育行政管理部门、直属教育事业单位、学校（幼儿园）。在数据治理意识上，虽然不同类型教育组织在统计学意义上不存在显著差异，但均值方面教育行政管理部门还是存在很大优势。其中，在群体参与意识上，教育行政管理部门与学校（幼儿园）在统计学意义上存在显著差异（$t=0.427$，$p=0.033<0.05$）。

表3-8 不同类型教育组织数据治理意识差异

类目	N	数据治理意识	知晓程度	重视程度	教育变革价值认知	群体参与治理意识
教育行政管理部门	15	3.95+0.553	3.87+0.915	4.53+0.640	4.53+0.834	4.80+0.414
直属教育事业单位	38	3.88+0.673	3.66+0.994	4.16+0.754	4.50+0.726	4.53+0.647
学校（幼儿园）	153	3.71+0.635	3.50+0.926	4.14+0.702	4.27+0.763	3.37+0.777
总计/均值	206	3.76+0.640	3.56+0.939	4.17+0.711	4.33+0.765	4.43+0.741
F		1.780	1.289	2.084	1.884	2.694
P		0.171	0.278	0.127	0.155	0.07

2. 不同类型部门教育数据治理能力存在差异

如表3-9所示，在教育数据治理能力上，不同类型教育组织在统计学意义上存在显著差异，具体在两两比较中，主要是教育行政管理部门高于直属教育事业单位且存在显著差异（p=0.02<0.05），教育行政管理部门高于学校且存在显著差异（P=0.013<0.05）。

对数据治理能力做进一步细化分析，发现不同类型教育组织在数据获取、数据处理、数据应用三方面的能力存在显著差异。进一步进行两两比较，在数据获取能力、数据处理能力、数据应用能力上，都是教育行政部门高于直属教育事业单位（p<0.05），高于学校（p<0.05），存在显著差异，学校均值高于直属教育事业单位，但差异不明显。

表3-9 不同类型教育组织数据治理能力差异

类目	N	数据治理能力	获取能力	处理能力	应用能力	安全防范能力
教育行政管理部门	15	4.42+0.72	4.47+0.74	4.47+0.74	4.40+0.74	4.33+0.72
直属教育事业单位	38	3.92+0.86	3.89+0.92	3.89+0.92	3.84+0.92	4.05+0.90
学校（幼儿园）	153	3.95+0.70	3.91+0.69	3.93+0.69	3.94+0.70	4.00+0.76
总计/均值	206	3.98+0.55	3.95+0.75	3.97+0.75	3.96+0.75	4.03+0.79
F		1.780	3.970	3.764	3.126	1.243
P		0.04*	0.020*	0.025*	0.046*	0.191

3. 不同类型部门教育数据治理组织架构存在差异

教育数据治理组织架构主要是指各单位负责教育数据治理的最高领导、队伍配置、机构设置、部门职责等方面的情况。

如表3-10所示，在教育数据治理机构设置上，不同类型教育组织存在一定差异。其中教育行政管理部门、直属教育事业单位更多是由教育信息化部门负责，而学校则采用数据治理专班的比例略高。在没有相应负责部门上，学校占比也远高于教育行政管理部门与直属教育事业单位。

表 3-10　不同类型教育组织数据治理部门设置差异

类目	N	其他 n	其他 占比	没有负责机构 n	没有负责机构 占比	教育数据治理专班 n	教育数据治理专班 占比	教育信息化部门 n	教育信息化部门 占比
教育行政管理部门	15	1	6.67%	2	13.33%	0	0.00%	12	80.00%
直属教育事业单位	38	1	2.63%	4	10.53%	1	2.63%	32	84.21%
学校（幼儿园）	153	4	2.61%	29	18.95%	9	5.88%	111	72.55%
总计/平均占比	206	6	2.91%	34	16.50%	10	4.85%	155	75.24%

如表3-11所示，在教育数据治理最高负责领导上，不同类型教育组织存在一定差异。其中教育行政管理部门由一把手或分管副职领导负责的比例最高，近94%。相对而言，直属教育事业单位、学校由部门主任负责的比例，或者没有负责领导的比例略高。

表 3-11　不同类型教育组织负责数据治理最高领导差异

类目	N	一把手 n	一把手 占比	分管副职 n	分管副职 占比	部门主任 n	部门主任 占比	没有分管领导 n	没有分管领导 占比
教育行政管理部门	15	8	53.33%	6	40.00%	1	6.67%	0	0.00%
直属教育事业单位	38	16	42.11%	14	36.84%	5	13.16%	3	7.89%
学校（幼儿园）	153	66	43.14%	56	36.60%	21	13.73%	10	6.54%
总计/平均占比	206	90	43.69%	76	36.89%	27	13.11%	13	6.31%

如表3-12所示，在教育数据治理队伍建设上，不同类型教育组织存在一定差异。其中学校有队伍的比例较高，直属教育事业单位次之，教育行政管理部门最低。这可能与教育数据治理实践推进中，如电教馆等事业单位、学校更多承担教育数据治理的实践，而教育行政管理部门则更多是政策机制引领。

表 3-12　不同类型教育组织数据治理队伍建设差异

类目	N	有队伍 n	有队伍 占比	无队伍 n	无队伍 占比
教育行政管理部门	15	8	53.33%	7	46.67%
直属教育事业单位	38	21	55.26%	17	44.74%
学校（幼儿园）	153	89	58.17%	64	41.83%
总计/平均占比	206	118	57.28%	88	42.72%

4. 不同类型部门教育数据治理规则制度差异不大

206个被调查者中负责单位教育数据治理的有148位，他们就教育数据治理任务、教育数据规范和标准等方面进行了填答。

如表3-13所示，如电教馆等直属教育事业单位在目标任务、规范制度等方面的比例最高，教育行政管理部门则更多偏向于规定数据治理标准。而学校作为集管理职能与教育业务为一体的组织，主要在明确目标任务、制定制度规范上做的较多，标准方面占比最低，主要由上级部门完成。

表3-13 不同类型教育组织教育数据治理规则制度建设概况比较

类目	N	有目标任务 n	占比	无目标任务 n	占比	有制度 n	占比	无制度 n	占比	有标准 n	占比	无标准 n	占比
教育行政管理部门	6	4	66.67%	2	33.33%	3	50.00%	3	50.00%	4	66.67%	2	33.33%
直属教育事业单位	30	23	76.67%	7	23.33%	22	73.33%	8	26.67%	19	63.33%	11	36.67%
学校（幼儿园）	112	79	70.54%	33	29.46%	79	70.54%	33	29.46%	60	53.57%	52	46.43%
总计/平均占比	148	106	71.62%	42	28.38%	104	70.27%	44	29.73%	83	56.08%	65	43.92%

具体如表3-14所示，在有治理目标任务、制度和标准的教育组织中，落实程度相差不大，均不存在显著差异。

表3-14 不同类型教育组织教育数据治理规则制度落实程度差异分析

类目	目标任务	制度	治理标准
教育行政管理部门	6.75±1.89（n=4）	4.33±2.08（n=3）	4.75±1.71（n=4）
直属教育事业单位	6.13±2.16（n=23）	4.09±1.82（n=22）	4.05±2.32（n=19）
学校（幼儿园）	5.75±2.13（n=79）	4.77±1.49（n=79）	4.58±2.00（n=60）
F	0.644	1.647	0.513
p	0.527	0.198	0.6

5. 不同类型部门教育数据治理工具与服务应用存在差异

教育数据采集方式中，不同类型教育组织间存在较大差异，如表3-15所示，作为教育数据主要来源的学校，半数以上数据手工采集的比例超过70%，作为教育数据管理的行政管理部门次之，接近70%，如教研室等直属教育事业单位手工采集比例则相对较低。

表 3-15　不同类型教育组织数据采集方式概况

类目	N	半数以上手工采集 n	半数以上手工采集 占比	多数自动采集 n	多数自动采集 占比
教育行政管理部门	15	10	66.67%	5	33.33%
直属教育事业单位	38	21	55.26%	17	44.74%
学校（幼儿园）	153	110	71.90%	43	28.10%
总计/平均占比	206	141	68.45%	65	31.55%

在教育数据治理工具方面，如表3-16所示，不同类型部门呈现出较为明显的差异。在教育数据处理工具方面，如电教馆等教育事业单位、学校等承担教育业务数据采集、存储等职能的教育组织，其数据处理工具使用比例远高于教育行政部门。在教育数据分析应用服务方面，负责教学、科研等具体业务的直属事业单位占比最高，学校与教育行政管理部门也应用较多。元数据工具整体应用比例不高，其中负责教育数据治理具体技术工作的直属事业单位，以及承担部分数据治理技术工作的学校占比较高。

表 3-16　不同类型教育组织数据采集工具

类目	有处理工具 n	有处理工具 占比	无处理工具 n	无处理工具 占比	有分析工具 n	有分析工具 占比	无分析工具 n	无分析工具 占比	有元数据工具 n	有元数据工具 占比	无元数据工具 n	无元数据工具 占比
教育行政管理部门	2	33.33%	4	66.67%	8	53.33%	7	46.67%	1	16.67%	5	83.33%
直属教育事业单位	22	73.33%	8	26.67%	25	65.79%	13	34.21%	9	30.00%	21	70.00%
学校（幼儿园）	80	71.43%	32	28.57%	88	57.52%	65	42.48%	26	23.21%	86	76.79%
总计/平均占比	104	70.27%	44	29.73%	121	58.74%	85	41.26%	36	24.32%	112	75.68%

在有数据处理、数据分析服务和工具的教育组织中，覆盖程度也存在差别。从平均值来看，教育行政管理部门最高，教育行政管理部门可能拥有更多的资源和预算来购买和维护数据处理工具，以及提供更多的数据分析服务，直属教育事业单位和学校（幼儿园）相对较低。尽管教育行政管理部门平均值略高，但F值和P值显示，这三类教育组织在数据处理和分析服务方面没有显著差异。

表3-17　不同类型教育组织数据采集与分析服务涵盖范围

类目	数据处理工具	数据分析服务
教育行政管理部门	3.50±0.71（n=2）	3.50±0.93（n=8）
直属教育事业单位	2.64±1.26（n=22）	2.68±1.31（n=25）
学校（幼儿园）	2.67±1.08（n=80）	2.86±1.11（n=87）
F	0.56	1.553
P	0.573	0.216

在教育数据治理中台方面，如表3-18所示，不同类型部门呈现出一定差异。在数据中台上，行政管理部门最多，直属事业单位其次，学校最低，这可能与数据中台的建设与推广方式相关。在中台对数据的整合度上，教育行政管理部门的整合程度高于直属教育事业单位与学校，这应与行政部门在推动跨部门数据整合上更具有行政权力相关。在面向数据服务的驾驶舱上，承担具体教学、教研等业务的直属事业单位占比最高，学校与教育行政管理部门就相对低很多。

表3-18　不同类型教育组织的数据中台情况

类目	N	有数据中台 n	有数据中台 占比	无数据中台 n	无数据中台 占比	中台数据整合度	有数据驾驶舱 n	有数据驾驶舱 占比	无数据驾驶舱 n	无数据驾驶舱 占比
教育行政管理部门	15	9	60.00%	6	40.00%	4.33+0.500	2	13.33%	13	86.67%
直属教育事业单位	38	21	55.26%	17	44.74%	3.76+0.831	16	42.11%	22	57.89%
学校（幼儿园）	153	68	44.44%	85	55.56%	3.78+0.789	32	20.92%	121	79.08%
总计/平均占比	206	98	47.57%	108	52.43%	3.83+0.787	50	24.27%	156	75.73%

（二）不同职业身份在教育数据治理方面的差异分析

1.不同职业身份教育数据治理意识存在差异

如表3-19所示，信息化部门与非信息化部门的领导、信息化工作人员与非信息化工作人员在数据治理意识上存在较大差距。整体来看，信息化部门领导、信息化工作人员作为教育数据治理的主要负责者，无论是对教育数据治理的知晓程度、重视程度，以及其对教育变革价值的认知，还是整体教育数据治理意识，都高于非信息化部门的领导与工作人员，尤其是非信息化部门工作人员，且在统计学意义上存在显著差异。非信息化部门的领导对教育数据治理的意义、重视程度，以及参与其中的主动意识也很高。这说明数据治理已然成为我国教育改革发展的重要方面，并正成为领导群体关注的重点。相对而言，非信息化工作人员在教育数据治理意识的各方面都相对较弱，教育数据治理尚未引起这一群体的重视。

表3-19 不同职业身份数据治理意识的差异

类目	N	数据治理意识	知晓程度	重视程度	教育变革价值认知	群体参与治理意识
①非信息化部门领导	12	3.65±0.72	3.42+0.79	4.17+0.83	4.25+0.87	4.42+0.79
②信息化部门领导	73	4.01±0.51	3.95+0.66	4.40+0.62	4.52+0.58	4.59+0.62
③非信息化工作人员	45	3.25±0.67	2.84+1.07	3.84+0.74	3.87+0.87	4.00+0.80
④信息化工作人员	76	3.84±0.55	3.63+0.88	4.16+0.69	4.45+0.74	4.54+0.72
总计/均值	206	3.98+0.703	3.56+0.939	4.17+0.711	4.33+0.765	4.43+0.741
F		16.553	15.833	6.047	8.494	7.352
P ②>① ①>③ ②>③ ④>③		0.000*** ②>① ①>③ ②>③ ②>④ ④>③	0.000*** ②>③ ②>④ ④>③	0.001*** ②>③ ④>③	0.000*** ②>③ ④>③	0.000***

各群体所接受的相关培训以及参与数据治理的实践经验也存在较大差异。如表3-20所示，非信息化部门工作人员、非信息化部门领导未接受过培训的占比较高，这可能也是其数据治理意识方面低于信息化部门的原因之一。超过50%的信息化部门领导、工作人员都有教育数据治理的实践，且有超过10%的有着丰富的实践，而非信息化部门的领导和工作人员的数据治理实践都低于25%，这说明教育数据治理实践推进主要还是以信息化部门为主，是作为教育数据来源与应用主体的教育行政业务部门的主业。此外我们也可以看到，即使是信息化部门的领导与工作人员，也有超过45%的人员没有教育数据治理的实践经验，有超过15%没有接受过相关培训。综上所述，对N市教育信息化部门领导与工作人员而言，教育数据治理相关培训并没有全面覆盖，且近半数还没有教育数据治理的实践经

验。非信息化部门领导与工作人员未参加过数据治理培训的比例不低，尤其是非信息化工作人员，而非信息化部门领导和工作人员参与教育数据治理的实践体验就更少。

表3-20 各群体数据治理接受培训与实践的差异

类目	未接受培训	有培训没实践	有培训有实践	有培训有丰富实践	有实践有研究	总计
非信息化部门领导	33.33%	41.67%	16.67%	8.33%	0.00%	100%
信息化部门领导	15.07%	31.51%	36.99%	13.70%	2.74%	100%
非信息化工作人员	48.89%	31.11%	20.00%	0.00%	0.00%	100%
信息化工作人员	22.37%	26.32%	39.47%	11.84%	0.00%	100%

2. 不同职业身份教育数据治理能力存在差异

如表3-21所示，信息化部门与非信息化部门的领导，信息化工作人员与非信息化工作人员对教育组织的数据治理能力，以及数据获取、数据处理、数据应用安全防范能力存在差距，但统计学意义上都不显著。从均值来看，信息化部门领导、非信息化部门领导比较乐观，自我判定较高，而具体的信息化工作人员对单位数据治理能力的判定最低。这种差异可能与不同职业身份在教育数据治理中所承担的职责有关。

表3-21 不同职业身份数据治理能力的差异

类目	N	数据治理能力	获取能力	处理能力	应用能力	安全防范能力
①非信息化部门领导	12	3.96+0.61	3.92+0.67	3.92+0.67	3.92+0.67	4.08+0.51
②信息化部门领导	73	4.09+0.59	4.08+0.64	4.07+0.63	4.08+0.68	4.12+0.78
③非信息化工作人员	45	3.95+0.76	3.96+0.80	3.98+0.78	3.93+0.78	3.93+0.78
④信息化工作人员	76	3.88+0.78	3.82+0.83	3.87+0.84	3.86+0.81	4.00+0.83
总计/均值	206	3.98+0.70	3.95+0.76	3.97+0.75	3.96+0.75	4.03+0.79
F		1.078	1.573	0.907	1.160	0.619
P		0.359	0.197	0.438	0.326	0.603

（三）不同学段在教育数据治理方面的差异分析

1. 不同学段教育数据治理意识存在差异

表3-22　各学段数据治理意识的差异

类目	N	数据治理意识	知晓程度	重视程度	教育变革价值认知	群体参与治理意识
①高中	12	3.73±0.70	3.5±0.67	4.08±0.79	4.33±0.89	4.58±0.67
②初中	52	3.43±0.72	3.06±1.07	3.96±0.71	4.02±0.83	4.08±0.90
③职业学校	2	4.20±0.28	4.00±0.00	5.00±0.00	4.5±0.71	4.5±0.71
④小学	63	3.80±0.49	3.71±0.77	4.22±0.66	4.35±0.63	4.46±0.62
⑤幼儿园	12	4.37±0.31	4.17±0.72	4.58±0.52	4.92±0.29	5.00±0.00
⑥九年一贯制学校	6	3.77±0.67	3.67±0.52	4.33±0.82	4.33±1.21	4.33±1.21
⑦十二年一贯制学校	2	3.90±0.42	4.00±0.00	4.00±0.00	4.5±0.71	4.5±0.71
总计/均值	149	3.76±0.64	3.56±0.94	4.17±0.71	4.33±0.77	4.43±0.74
F		4.30	3.68	1.82	2.71	3.40
P ⑤>①>② ⑤>④		0.000*** ④>② ⑤>②	0.001** ④>② ⑤>②	0.086 ⑤>② ⑤>④	0.011* ⑤>② ⑤>④	0.002**

如表3-22所示，不同学段被调查者在数据治理意识上存在差异。整体来看，小学、幼儿园被调查者的教育数据治理的知晓程度、重视程度，以及其对教育变革价值的认知都普遍较高，初中各维度都最低，与幼儿园、小学相比，在统计学意义上存在显著差异。

不同学段被调查者所接受的相关培训以及参与数据治理的实践经验也存在差异。如表3-23所示，高中未接受过教育数据治理培训的占比较高，大多数初中（62.46%）、小学（79.95%）、幼儿园（100%）工作者有教育数据治理的实践，说明教育数据治理在小学、初中、幼儿园的实践相对较广。

表 3-23　各学段数据治理接受培训与实践的差异

类目	N	未接受培训	有培训没实践	有培训有实践	有培训有丰富实践	有实践有研究	总计
高中	12	50.00%	8.33%	25.00%	8.33%	8.33%	100%
初中	52	36.54%	30.77%	23.08%	9.62%	0.00%	100%
职业学校	2	0.00%	0.00%	100.00%	0.00%	0.00%	100%
小学	63	19.05%	41.27%	34.92%	4.76%	0.00%	100%
幼儿园	12	0.00%	8.33%	66.67%	25.00%	0.00%	100%
九年一贯制学校	6	16.67%	50.00%	33.33%	0.00%	0.00%	100%
十二年一贯制学校	2	0.00%	50.00%	50.00%	0.00%	0.00%	100%

2. 不同学段教育数据治理能力存在差异

如表3-24所示，不同学段被调查者在数据治理能力上存在差异。整体来看，幼儿园工作者对教育数据治理能力的判定较高，在各个维度都最高。其中高中学校工作者的数据获取能力、处理能力均值最低，初中学校工作者的数据应用能力与安全防范能力均值最低。不过这种差异在统计学意义上不显著。

表 3-24　各学段数据治理能力的差异

类目	N	数据治理能力	获取能力	处理能力	应用能力	安全防范能力
①高中	12	3.88±0.83	3.67±0.89	3.75±0.97	4.00±0.83	4.08±0.90
②初中	52	3.84±0.75	3.79±0.75	3.87±0.74	3.81±0.71	3.90±0.80
③职业学校	2	4.50±0.71	4.50±0.71	4.50±0.71	4.50±0.63	4.50±0.71
④小学	63	3.92±0.51	3.94±0.60	3.92±0.58	3.92±0.29	3.92±0.75
⑤幼儿园	12	4.35±0.61	4.33±0.65	4.33±0.65	4.42±1.21	4.33±0.65
⑥九年一贯制学校	6	4.12±0.56	4.00±0.63	4.00±0.63	4.00±0.71	4.50±0.55
⑦十二年一贯制学校	2	3.63±0.53	3.50±0.71	3.50±0.71	3.50±0.77	4.00±0.00
总计/均值	149	3.98±0.70	3.95±0.75	3.97±0.75	3.96±0.75	4.03±0.79
F		1.3	1.52	1.15	1.28	1.21
P		0.256	0.162	0.336	0.265	0.302

3. 不同学段教育数据治理组织架构存在差异

如表3-25所示，在教育数据治理机构设置上，不同学段存在一定差异。其中，小学、初中、幼儿园学段更多由教育信息化部门负责，高中、幼儿园采用专班体制推动较多，初中、高中没有负责机构的比例最高。

表3-25 不同学段教育数据治理部门设置的差异

类目	N	其他 n	其他 占比	没有负责机构 n	没有负责机构 占比	教育数据治理专班 n	教育数据治理专班 占比	教育信息化部门 n	教育信息化部门 占比
高中	12	1	8.33%	3	25.00%	1	8.33%	7	58.33%
初中	52	0	0.00%	14	26.92%	3	5.77%	35	67.31%
职业学校	2	0	0.00%	0	0.00%	0	0.00%	2	100.00%
小学	63	1	1.59%	9	14.29%	4	6.35%	49	77.78%
幼儿园	12	2	16.67%	1	8.33%	1	8.33%	8	66.67%
九年一贯制学校	6	0	0.00%	2	33.33%	0	0.00%	4	66.67%
十二年一贯制学校	2	0	0.00%	0	0.00%	0	0.00%	2	100.00%
总计/均值	149	4	2.68%	29	19.46%	9	6.04%	107	71.81%

如表3-26所示，在教育数据治理最高负责领导上，不同学段间存在一定差异。其中，幼儿园、小学由一把手或分管副职负责的比例最高，相对而言，初中、高中由部门主任负责的比例、高中没有负责领导的比例远高于其他学段。

表3-26 不同学段教育数据治理最高领导的差异

类目	N	一把手 n	一把手 占比	分管副职 n	分管副职 占比	部门主任 n	部门主任 占比	没有分管领导 n	没有分管领导 占比
高中	12	4	33.33%	4	33.33%	2	16.67%	2	16.67%
初中	52	20	38.46%	16	30.77%	13	25.00%	3	5.77%
职业学校	2	1	50.00%	1	50.00%	0	0.00%	0	0.00%
小学	63	30	47.62%	24	38.10%	5	7.94%	4	6.35%
幼儿园	12	8	66.67%	3	25.00%	1	8.33%	0	0.00%
九年一贯制学校	6	1	16.67%	5	83.33%	0	0.00%	0	0.00%
十二年一贯制学校	2	0	0.00%	2	100.00%	0	0.00%	0	0.00%
总计/均值	149	64	42.95%	55	36.91%	21	14.09%	9	6.04%

如表3-27所示，在教育数据治理队伍建设上，不同学段存在一定差异。其中，幼儿园建有队伍的比例较高，小学、初高中没有相应队伍的比例都不低。

表3-27　不同学段教育数据治理队伍建设的差异

类目	N	有队伍 n	有队伍 占比	无队伍 n	无队伍 占比
高中	12	6	50.00%	6	50.00%
初中	52	30	57.69%	22	42.31%
职业学校	2	1	50.00%	1	50.00%
小学	63	34	53.97%	29	46.03%
幼儿园	12	10	83.33%	2	16.67%
九年一贯制学校	6	3	50.00%	3	50.00%
十二年一贯制学校	2	1	50.00%	1	50.00%
总计/均值	149	85	57.05%	64	42.95%

（四）不同区域在教育数据治理方面的差异分析

因为被调查者样本数不高于2个就难以进行统计分析，所以项目组在区域对比分析中，去掉XW区、QH区、JBX区。

1. 不同区域教育数据治理意识与能力存在差异

（1）数据治理意识的差异

对N市不同区域的数据治理意识进行分析，发现不同区域的整体数据治理意识存在显著差异。如表3-28所示，GL区最高，高于LS区（p=0.012）、JY区（p=0.014）、GC区（p=0.011），且存在显著差异；市直属校其次，高于LS区（p=0.011）、JY区（p=0.012）、GC区（p=0.01），且存在显著差异；QX区第三，高于LS区（p=0.022）、JY区（p=0.026），且存在显著差异。

具体来看，在数据治理的知晓度方面，JN区（4.5）、市直属校（3.98）、GL区（3.92）、QX区（3.89）高于其他区，而JY区（3.32）和LS区（3.22）处于较低水平；在重视程度上，市直属校（4.61）、QX区（4.50）和GL区

（4.50）显著高于其他区，而JY区（4.02）和LS区（3.78）相对较低；在价值认知上，GL区（4.83）、市直属校（4.70）和QX区（4.67）表现最为突出；而LS区（4.17）、JY区（4.02）和GC区（4.00）则相对较弱；群体参与意识方面，GL区（4.83）和市直属学校（4.74）表现抢眼，而LS区（4.28）和JY区（4.12）相对水平不高。

综合来看，在教育数据治理意识上，GL区、市直属校、QX区普遍较高，而JY区、LS区普遍都低，这可能与不同区域的培训力度有关。GL区、市直属校是N市教育领头羊，LS区一直教育相对落后，但JY区的教育一直在N市位列前三，QX区教育质量在全市居中。由此可见，区域教育数据治理意识并不与其教育水平完全相关。

表3-28 不同区域数据治理意识与能力的差异

类目		市及市直属	JY区	GL区	PK区	QX区	YHT区	JN区	LH区	LS区	GC区	累积/均值	F	P
N		23	66	12	15	18	10	4	24	18	10	201		
数据治理意识	整体意识	4.08±0.54	3.53±0.73	4.15±0.43	3.80±0.53	4.01±0.56	3.86±0.60	3.95±0.19	3.87±0.54	3.51±0.66	3.54±0.48	3.76±0.64	3.268	0.001**
	知晓程度	3.98±1.00	3.32±1.14	3.92±0.52	3.60±0.63	3.89±0.67	3.60±1.08	4.50±0.58	3.64±0.81	3.22±0.81	3.40±0.52	3.76±0.94	1.886	0.056
	重视程度	4.61±0.58	4.02±0.73	4.50±0.67	4.20±0.78	4.50±0.71	4.10±0.57	4.25±0.50	4.28±0.68	3.78±0.65	4.00±0.47	4.17±0.71	3.045	0.002**
	教育变革价值认知	4.70±0.56	4.02±0.83	4.83±0.39	4.47±0.64	4.67±0.60	4.50±0.71	4.25±0.50	4.44±0.71	4.17±0.86	4.00±0.82	4.33±0.77	3.601	0.000***
	群体参与治理意识	4.74±0.45	4.12±0.85	4.83±0.39	4.47±0.92	4.67±0.49	4.50±0.71	4.50±0.58	4.68±0.48	4.28±0.90	4.30±0.68	4.43±0.74	2.979	0.002**
数据治理能力	整体能力	4.35±0.97	3.94±0.70	4.06±0.72	3.88±0.67	3.93±0.71	4.17±0.53	4.13±0.25	3.85±0.60	4.00±0.67	3.75±0.35	3.98±0.70	1.130	0.344
	获取能力	4.39±1.03	3.91±0.70	4.25±0.75	3.80±0.78	3.89±0.68	4.10±0.57	4.25±0.500	3.72±0.68	4.00±0.69	3.60±0.52	3.95±0.75	1.912	0.052
	处理能力	4.35±1.02	3.92±0.73	4.00±0.74	3.80±0.78	3.94±0.73	4.20±0.63	4.25±0.50	3.92±0.57	4.00±0.69	3.60±0.52	3.97±0.75	1.257	0.263
	分析应用能力	4.30±1.02	3.92±0.73	3.92±0.80	3.87±0.64	3.89±0.83	4.10±0.57	4.50±0.58	3.84±0.69	4.00±0.69	3.80±0.42	3.96±0.75	1.002	0.440
	安全防范能力	4.35±1.03	3.98±0.71	4.08±0.79	4.07±0.59	4.00±0.69	4.30±0.48	3.50±1.73	3.92±0.95	4.00±0.69	4.00±0.47	4.03±0.79	0.836	0.583

三个区样本数不超过2个，去掉5个样本；*p<0.05　**p<0.01；

（2）数据治理能力的差异

在数据治理能力上，如表3-28所示，各区之间不存在显著差异，不过在做两两比较时，发现部分区之间存在一些差异。在整体数据治理能力上，市直属校高于JY区（p=0.015）、LH区（p=0.014）、PK区（p=0.046）、GC区（p=0.024），存在显著差异。

具体而言，在教育数据获取能力方面，市直属校高于JY区（p=0.007）、PK区（p=0.016）、QX区（p=0.030）、LH区（p=0.002）、GC区（p=0.005），存在显著差异；在教育数据处理能力方面，市直属校高于JY区（p=0.019）、PK区（p=0.026）、LH区（p=0.046）、GC区（p=0.008），存在显著差异；在数据应用能力上，市直属校高于JY区（p=0.037）、LH区（p=0.033），存在显著差异；在数据安全防范能力上，各区之间均值虽有差异，但不显著。

（3）数据治理培训与实践方面的差异

各区数据治理培训、实践方面也存在一些差异。如表3-29所示，未接受过任何相关培训方面，JY区、LS区、GC区等都明显高于平均比例；在数据治理实践方面，GL区、市直属校、LS区、YHT区、QX区都高于平均比例。

表3-29　不同区域数据治理培训与实践的差异

类目	未接受培训	有培训没实践	有培训有实践	有培训有丰富实践	有实践有研究	总计
市及市直属	26.09%	8.70%	47.83%	17.39%	0.00%	100%
JY区	34.85%	27.27%	25.76%	10.61%	1.52%	100%
GL区	16.67%	8.33%	66.67%	8.33%	0.00%	100%
PK区	13.33%	53.33%	26.67%	6.67%	0.00%	100%
QX区	27.78%	27.78%	27.78%	16.67%	0.00%	100%
YHT区	20.00%	20.00%	40.00%	20.00%	0.00%	100%
JN区	0.00%	75.00%	25.00%	0.00%	0.00%	100%
LH区	12.00%	56.00%	24.00%	4.00%	4.00%	100%
LS区	33.33%	22.22%	44.44%	0.00%	0.00%	100%
GC区	30.00%	40.00%	30.00%	0.00%	0.00%	100%
均值	25.87%	30.35%	33.33%	9.45%	1.00%	100%

2. 不同区域教育数据治理组织架构存在差异

如表3-30所示，在教育数据治理机构设置上，不同区域存在一定差异。其中，市直属单位、YHT区、GL区多由教育信息化部门负责，QX区、LH区则采用数据治理专班的比例略高。在没有对应负责部门上，LS区、LH区、PK区比例高于其他区域。

表3-30 不同学段教育数据治理部门设置的差异

类目	N	其他 n	其他 占比	没有负责机构 n	没有负责机构 占比	教育数据治理专班 n	教育数据治理专班 占比	教育信息化部门 n	教育信息化部门 占比
市及市直属	23	2	8.70%	2	8.70%	0	0.00%	19	82.61%
JY区	66	3	4.55%	11	16.67%	3	4.55%	49	74.24%
GL区	12	3	25.00%	0	0.00%	0	0.00%	9	75.00%
PK区	15	0	0.00%	4	26.67%	0	0.00%	11	73.33%
QX区	18	4	22.22%	2	11.11%	2	11.11%	10	55.56%
YHT区	10	0	0.00%	1	10.00%	0	0.00%	9	90.00%
JN区	4	0	0.00%	0	0.00%	0	0.00%	4	100.00%
LH区	25	1	4.00%	6	24.00%	3	12.00%	15	60.00%
LS区	18	0	0.00%	6	33.33%	1	5.56%	11	61.11%
GC区	10	0	0.00%	2	20.00%	2	20.00%	6	60.00%
总计/均值	201	13	6.47%	34	16.92%	11	5.47%	148	73.63%

如表3-31所示，在教育数据治理最高负责领导上，不同区域存在一定差异。其中，JN区、QX区、LH区、LS区由一把手负责的比例超过其他区域；PK区、市直属校、GL区、YHT区由分管副职领导负责比例高于其他区域；相对而言，JY区、GL区、LH区没有负责领导的比例高于其他区域。

表3-31 不同区域最高教育数据治理主管官员的差异

类目	N	没有分管领导 n	没有分管领导 占比	部门主任 n	部门主任 占比	分管副职 n	分管副职 占比	一把手 n	一把手 占比
市及市直属	23	1	4.35%	2	8.70%	10	43.48%	10	43.48%
JY区	66	6	9.09%	12	18.18%	25	37.88%	23	34.85%
GL区	12	1	8.33%	1	8.33%	5	41.67%	5	41.67%
PK区	15	1	6.67%	2	13.33%	8	53.33%	4	26.67%

（续表）

类目	N	没有分管领导		部门主任		分管副职		一把手	
		n	占比	n	占比	n	占比	n	占比
QX区	18	1	5.56%	1	5.56%	5	27.78%	11	61.11%
YHT区	10	0	0.00%	2	20.00%	4	40.00%	4	40.00%
JN区	4	0	0.00%	0	0.00%	1	25.00%	3	75.00%
LH区	25	3	12.00%	1	4.00%	8	32.00%	13	52.00%
LS区	18	1	5.56%	5	27.78%	3	16.67%	9	50.00%
GC区	10	0	0.00%	1	10.00%	5	50.00%	4	40.00%
总计/均值	206	15	7.28%	28	13.59%	75	36.41%	88	42.72%

如表3-32所示，在教育数据治理队伍建设上，不同区域存在一定差异。其中，YHT区、JN区、LS区有数据治理队伍的比例较高，而PK区、GC区则缺乏相应的队伍支撑。

表3-32　不同区域教育数据治理队伍建设的差异

类目	N	无队伍		有队伍	
		n	占比	n	占比
市及市直属	23	8	34.78%	15	65.22%
JY区	66	31	46.97%	35	53.03%
GL区	12	4	33.33%	8	66.67%
PK区	15	12	80.00%	3	20.00%
QX区	18	6	33.33%	12	66.67%
YHT区	10	1	10.00%	9	90.00%
JN区	4	1	25.00%	3	75.00%
LH区	25	9	36.00%	16	64.00%
LS区	18	5	27.78%	13	72.22%
GC区	10	7	70.00%	3	30.00%
总计/均值	201	88	42.72%	118	57.28%

3. 不同区域教育数据治理规则制度的差异分析

206个被调查者中，负责教育数据治理的有148位。这148位被调查者就教育数据治理任务、教育数据规范、标准等方面进行了填答。

在教育数据治理的规则制度标准等方面，各区域各有自己的特色。如表3-33所示，市直属校在目标任务、规范制度、数据标准等方面比例都高于均值，在数据治理的规范制度方面整体最好。YHT区在目标任务明确上占比最高，而PK区、QX区、LH区在教育数据制度政策方面做得较好，比例高于其他区域。JN区、LS区在标准制定方面占比较高。

表3-33 不同区域教育数据治理目标与任务的差异

类目	N	有目标任务 n	占比	无目标任务 n	占比	有制度 n	占比	无制度 n	占比	有标准 n	占比	无标准 n	占比
市及市直属	15	11	73.33%	4	26.67%	11	73.33%	4	26.67%	11	73.33%	4	26.67%
JY区	41	28	68.29%	13	31.71%	25	60.98%	16	39.02%	17	41.46%	24	58.54%
GL区	11	8	72.73%	3	27.27%	8	72.73%	3	27.27%	6	54.55%	5	45.45%
PK区	15	10	66.67%	5	33.33%	13	86.67%	2	13.33%	8	53.33%	7	46.67%
QX区	12	9	75.00%	3	25.00%	10	83.33%	2	16.67%	8	66.67%	4	33.33%
YHT区	10	9	90.00%	1	10.00%	7	70.00%	3	30.00%	6	60.00%	4	40.00%
JN区	4	3	75.00%	1	25.00%	3	75.00%	1	25.00%	3	75.00%	1	25.00%
LH区	20	15	75.00%	5	25.00%	17	85.00%	3	15.00%	12	60.00%	8	40.00%
LS区	8	5	62.50%	3	37.50%	3	37.50%	5	62.50%	6	75.00%	2	25.00%
GC区	7	5	71.43%	2	28.57%	4	57.14%	3	42.86%	3	42.86%	4	57.14%
总计/均值	148	106	71.62%	42	28.38%	104	70.27%	44	29.73%	83	56.08%	65	43.92%

在制定了目标任务、制度和标准的区域中，覆盖范围也不尽相同。从数据上看，JN区整体覆盖面最广，可能是因为在治理实践中注重提升治理水平。在目标任务数上，各区平均值都在5到7之间，说明各区教育治理目标体系相对完整。其中，JN区的目标任务覆盖范围最广（7.33），JY区最低（5.32），但差异并不显著（p=0.834）。在制度方面，各区的涵盖范围值大多在4到6之间，说明各区制度建设上表现相对接近。JN区的制度平均值最高（6.00），JY区和LH区较低，但整体差异并不显著（p=0.77）。在治理标准方面，JN区的治理标准数平均值最高（7.00），而QX区最低（3.25），有差异但不具有统计学上的显著性（p=0.531）。

表 3-34　不同区域教育数据治理目标、任务、标准落实程度的差异

类目	目标任务数	制度数	标准数
市及市直属	6.64 ± 1.96（n=11）	4.91 ± 1.81（n=11）	4.73 ± 2.33（n=11）
JY 区	5.32 ± 2.58（n=28）	4.28 ± 1.70（n=25）	4.65 ± 2.18（n=17）
GL 区	6.00 ± 1.85（n=8）	5.00 ± 1.07（n=8）	4.67 ± 1.63（n=6）
PK 区	5.70 ± 1.83（n=10）	4.46 ± 1.61（n=13）	4.25 ± 1.91（n=8）
QX 区	5.78 ± 2.39（n=9）	4.60 ± 1.58（n=10）	3.25 ± 1.91（n=8）
YHT 区	6.11 ± 2.15（n=9）	4.43 ± 1.51（n=7）	3.83 ± 2.56（n=6）
JN 区	7.33 ± 1.15（n=3）	6.00 ± 0.00（n=3）	7.00 ± 0.00（n=3）
LH 区	5.53 ± 2.00（n=15）	4.29 ± 1.76（n=17）	4.58 ± 2.11（n=12）
LS 区	6.60 ± 1.34（n=5）	5.67 ± 0.58（n=3）	4.17 ± 1.72（n=6）
GC 区	5.80 ± 2.28（n=5）	5.00 ± 2.00（n=4）	4.33 ± 2.52（n=3）
F	0.589	0.662	0.915
p	0.834	0.77	0.531

4. 不同区域教育数据治理工具与服务的差异分析

在教育数据的工具与服务应用上，不同区域之间存在一定差异。如表3-35所示，在数据处理工具上，JN区、JY区、LH区占比较高；在数据分析工具上，JN区、QX区、LS区相对应用较多；元数据工具上，LH区使用较多。综合看，YHT区在数据治理各项工具应用上，都相对较低。

表 3-35　不同类型教育组织数据采集工具的差异

类目	N	有处理工具 n	占比	无处理工具 n	占比	有分析工具 n	占比	无分析工具 n	占比	有元数据工具 n	占比	无元数据工具 n	占比
市及市直属	23	10	66.67%	5	33.33%	14	60.87%	9	39.13%	4	26.67%	11	73.33%
JY 区	66	31	75.61%	10	24.39%	37	56.06%	29	43.94%	9	21.95%	32	78.05%
GL 区	12	8	72.73%	3	27.27%	5	41.67%	7	58.33%	2	18.18%	9	81.82%
PK 区	15	11	73.33%	4	26.67%	9	60.00%	6	40.00%	2	13.33%	13	86.67%
QX 区	18	7	58.33%	5	41.67%	13	72.22%	5	27.78%	3	25.00%	9	75.00%
YHT 区	10	5	50.00%	5	50.00%	4	40.00%	6	60.00%	2	20.00%	8	80.00%
JN 区	4	4	100.00%	0	0.00%	3	75.00%	1	25.00%	1	25.00%	3	75.00%

（续表）

类目	N	有处理工具 n	占比	无处理工具 n	占比	有分析工具 n	占比	无分析工具 n	占比	有元数据工具 n	占比	无元数据工具 n	占比
LH区	25	15	75.00%	5	25.00%	17	68.00%	8	32.00%	8	40.00%	12	60.00%
LS区	18	5	62.50%	3	37.50%	13	72.22%	5	27.78%	3	37.50%	5	62.50%
GC区	10	5	71.43%	2	28.57%	3	30.00%	7	70.00%	2	28.57%	5	71.43%
总计/均值	206	104	70.27%	44	29.73%	121	58.74%	85	41.26%	36	24.32%	112	75.68%

在数据采集方式中，不同区域教育组织间存在差异，如表3-36所示，JN区、市直属校自动采集数据的比例超过50%，JN区达到75%，而GL区、YHT区、LH区则手工采集数据的比例过高，都在90%上下。

表3-36 不同类型教育组织数据采集方式的差异

类目	N	半数以上手工采集 n	占比	多数自动采集 n	占比
市及市直属	23	11	47.83%	12	52.17%
JY区	66	40	60.61%	26	39.39%
GL区	12	11	91.67%	1	8.33%
PK区	15	11	73.33%	4	26.67%
QX区	18	13	72.22%	5	27.78%
YHT区	10	9	90.00%	1	10.00%
JN区	4	1	25.00%	3	75.00%
LH区	25	22	88.00%	3	12.00%
LS区	18	12	66.67%	6	33.33%
GC区	10	7	70.00%	3	30.00%
总计/均值	206	141	68.45%	65	31.55%

在数据中台建设及数据整合程度上，不同区域的教育组织间也存在差异。如表3-37所示，市直属校、QX区、JY区的数据中台建设比例都超过了50%。不过在中台对数据的整合程度上，QX区、PK区、LH区相对较弱。JN区、LS区、YHT区等虽然中台比例不高，但已有中台的数据整合程度较好。在数据驾驶舱方面，YHT区则做得比较好，在有限的中台基础上，注重以数据服务引领。

表 3-37　不同类型教育组织的数据中台建设情况的差异

类目	N	有数据中台 n	占比	无数据中台 n	占比	中台数据整合度	有数据驾驶舱 n	占比	无数据驾驶舱 n	占比
市及市直属	23	15	65.22%	8	34.78%	4.27+0.46	10	43.48%	13	56.52%
JY 区	66	35	53.03%	31	46.97%	3.80+0.83	19	28.79%	47	71.21%
GL 区	12	4	33.33%	8	66.67%	3.50+0.58	1	8.33%	11	91.67%
PK 区	15	7	46.67%	8	53.33%	3.43+0.79	1	6.67%	14	93.33%
QX 区	18	10	55.56%	8	44.44%	3.40+0.70	2	11.11%	16	88.89%
YHT 区	10	3	30.00%	7	70.00%	4.00+0.00	5	50.00%	5	50.00%
JN 区	4	1	25.00%	3	75.00%	5.00+0.00	1	25.00%	3	75.00%
LH 区	25	11	44.00%	14	56.00%	3.45+0.93	5	20.00%	20	80.00%
LS 区	18	9	50.00%	9	50.00%	4.44+0.70	4	22.22%	14	77.78%
GC 区	10	2	20.00%	8	80.00%	4.00+0.00	1	10.00%	9	90.00%
总计/均值	206	98	47.57%	108	52.43%	3.83+0.79	50	24.27%	156	75.73%

四、N 市教育数据治理中各要素的相关性分析

本研究进一步对教育数据治理的治理架构、治理意识、治理能力、治理规则制度、治理工具之间的相关性进行分析。六方面均不符合正态分布，因此使用斯皮尔曼分析相关性。

表 3-38　斯皮尔曼相关性

	平均值	标准差	数据治理工具	数据治理标准	数据治理能力	数据治理组织	数据治理意识
数据治理工具	0.871	0.708	1				
数据治理标准	0.816	1.839	0.646**	1			
数据治理能力	3.976	0.703	0.048	0.436**	1		
数据治理组织	2.715	0.553	0.006	0.263**	0.337**	1	
数据治理意识	3.758	0.64	0.233**	0.596**	0.554**	0.366**	1

* $p<0.05$ ** $p<0.01$

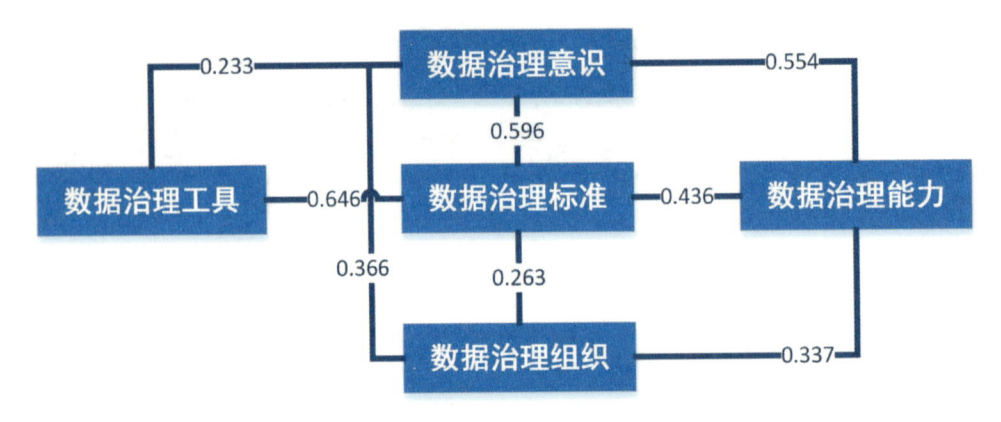

图 3-16 教育数据治理相关要素关联图

如表3-38所示，数据治理意识与数据治理标准、数据治理能力、数据治理组织架构相关性都较高，且存在极其显著差异，这说明数据意识是教育数据治理的前提与基础，是非常重要的方面。数据治理能力除了与数据治理意识高度相关，与数据治理架构的相关性也较高，这表明内部群体的数据治理意识，与外部的数据治理组织架构，对教育组织数据治理能力有较大的影响。数据治理工具的应用与数据治理标准有较弱的相关性，与其他方面的相关性较低，这说明数据治理工具作为技术性的实践应用，需要有相应的数据治理标准作为支撑，方能推进。

数据治理标准与其他所有方面的相关性都较高，这说明数据治理标准是教育数据治理中的基础工作，是非常重要的方面。

如图3-16所示，综合来看，数据治理意识、数据治理能力是数据治理体系中的核心与综合体现，直接决定了教育数据治理的效果和效率。数据治理标准、数据治理组织架构是治理工作开展的保障与支持，数据治理架构是确保数据治理战略发展与数据治理核心元素相互协调运行的关键，数据治理标准是确保数据治理的技术实现中数据准确、可行、可用的基础。数据治理工具与数据治理标准、数据治理意识有较高相关性，与其他两个要素相关性较低，但其作为数据治理的技术手段，也是实施数据治理的技术基础。

五、N市基础教育数据治理的现状与发展需求

（一）N市教育数据治理的现状

第一，基础教育领域已具备一定的教育数据治理意识，不过在不同群体、学段、区域间还存在一定差异。

调查显示，N市基础教育领域的管理者、信息化工作者已具备一定的教育数据治理意识，尤其是参与数据治理的主观性强，对教育数据治理的重要性，以及数据治理之于教育变革的价值认知都较高，这为N市教育数据治理的纵深推进奠定了较好的认知基础。不过教育数据治理意识也存在一定短板，对教育数据治理具体知识的了解整体偏弱。这可能源于虽然绝大多数被调查者都接受过教育数据治理的相关培训，但培训深度与实践相关性不高，可能使得调查者对教育数据治理的具体了解程度不够。

信息化部门的领导与工作人员的教育数据治理意识高于非信息化部门，这从某个层面说明数据治理正成为N市教育数字化建设的重要工作，成为对该群体新的专业能力要求。非信息化部门领导，尤其是非信息化工作人员的数据治理意识相对薄弱，这可能说明目前N市的教育数据治理工作与具体教育管理业务的整合不足。在不同学段，幼儿园显示出了很高的数据治理意识，远高于其他学段，高中整体不高，初中数据治理意识最低，成为基础教育数据治理中的洼地，初高中在教育数据治理相关培训与实践层面参与不足。市直属校及各区之间的教育数据治理意识存在差异，市直属校、GL区、XQ区的数据治理意识相对较高，JY区、LS区、GC区相对较弱，如何推动各区域教育数据治理的整体协同发展，是N市下一步教育数据治理面临的重大难题。

第二，教育部门对自身数据治理能力有较强自信，尤其是教育行政部门。

与数据治理意识相比，被调查者对组织的数据获取、数据处理、数据应用、数据安全防范等能力的自我判定都较好，尤其是安全防范能力的判定最高。当然这种判定是否准确，与后面数据治理工具、数据中台等的普及与应用情况相映证，应该是被调查者对单位数据治理能力的自我判定偏高。这可能源于N市的教育数据治理工作已经启动三年多，大家有一定了解，但实践中的推广度、数据

治理服务的深度都不够，被调查者对教育数据治理的认知可能比较浅层，对怎样算是好的数据治理能力还缺乏相对准确的标准，由此可能导致对单位数据治理能力的判定偏高。

在不同类型部门之间，教育行政管理部门对数据治理能力自我判定最高，直属教育事业单位其次，学校最低。这可能因为目前N市教育数据治理的推动主体与应用主体，是行政部门和事业单位，学校更多还是作为数据治理的被推动者。学段之间，幼儿园的数据治理能力自我判定最高，初中、高中都比较低。市直属校远高于其他区域。数据治理能力各区之间差异不大。

第三，初步构建了最高主官负责、有专门部门负责的数据治理组织架构，不过整体还存在专业人才队伍匮乏，不同学段、不同区域的数据治理组织架构存在一定差异。

N市大多数教育组织都由一把手或分管副职领导负责教育数据治理，从体制上充分体现出了重视。绝大多数教育组织都有负责教育数据治理的部门，主要由已有的教育信息化部门负责，部分建立了专班，或依托办公室，但也有少部分没有负责部门。有负责部门的单位都有明确的职责，其中协调和管理区域内教育数据资源、提供教育数据治理的培训和服务是主要职责。不过在数据治理队伍建设上，近半数组织没有专门队伍，这是N市教育数据治理组织体系的短板。专业队伍不足可能一方面源于已有教育信息化队伍自身的知识与能力还不能胜任教育数据治理工作要求，另一方面也可能的确缺乏专业化队伍。

不同区域、不同学段在数据治理组织架构上，有较大的差异。初、高中没有具体负责部门，没有分管领导，或最高负责官员是部门主任的比例都较高。区域层面，LS区、LH区、PK区没有负责部门的比例较高，PK区、GC区数据治理队伍建设相对薄弱。

第四，教育数据治理制度和标准应用方面有基础，但还存在较大完善空间。

教育数据治理的推进需要有相应的制度、标准、规范，以确保数据的准确性、安全性、可用性和合规性等。综合来看，N市多数组织都有了明确的教育数据治理任务，围绕数据隐私、数据资产等制定了相应规则制度。不过涉及数据共享、整合的数据标准、数据权限分类分级制度比例较低，这可能会导致跨部门的数据治理中，存在较多的数据不一致性、不兼容性，影响数据治理效果。

数据规范、制度、标准方面，教育行政管理部门，以及如电教馆等直属事业单位推进力度较好，学校相对薄弱。区域层面，市直属单位各方面都做得较好，远高于区县。不过各区也有自己的特色，例如YHT区有明确数据治理任务的比例高，PK区、XQ区、LH区数据制度政策方面做得较好，JN区在数据标准的应用推广方面做得较好。

第五，部分数据治理工具得到了应用，但元数据工具、数据中台、数据可视化等技术工具的应用相对薄弱。

如数据处理工具、数据分析工具等教育数据治理工具已得到了较多应用，但是在数据处理中能进行数据转换、清洗的工具，能提供个性化数据决策模型构建的工具、元数据工具等都应用比例较低。从数据治理技术工具的应用来看，N市的教育数据工具的使用主要还是集中在采集与数据基本处理上，且多数以人工采集为主，在无感知数据采集、数据整合、数据分析等深度数据应用上，还有极大提升空间。

数据中台是数据汇聚整合的载体，N市不到一半的教育单位使用了数据中台，已有数据中台实现了对绝大多数师生基础数据、教师研修学习数据的整合，对师生教与学数据的整合度相对较低，教育行政管理数据整合度最低。数据驾驶舱是提供数据分析与决策服务的主要方式，在N市基础教育领域普及度不高，既有数据服务方式也相对单一，针对不同类型教育组织的个性化数据分析服务比例不高。由此来看，基础教育运行中最为重要的两大活动——教学与管理，其数据的整合、挖掘应用比较薄弱。在数据中台建设上，主要以教育行政管理部门、直属教育事业单位为主，尤其是教育行政管理部门推动的数据中台，数据整合度相对较高。面向具体数据服务的数据驾驶舱，负责具体业务的直属事业单位和学校应用较多。

（二）N市教育数据治理的困境

1.N市基础教育数据治理实践中的困境

首先，数据共享不足，与之相关的数据标准、数据整合等工作有较大提升空间。被调查者普遍认为数据共享不多、数据标准应用不足是当前N市教育数治理最大的问题。事实上这一问题也在其他层面得到验证。调查显示，N市基础教育领域在数据标准制定、数据权限分级制度、数据转换清洗等与跨部门数据共享直接相关的数据治理工作上，普及度都比较薄弱。这些基础工作未能切实开展，数据共享就很难在实践中推进。

其次，数据服务匮乏，数据安全性仍备受关注。虽然被调查者认为自身数据安全防范能力很强，但仍然列为第四大困难，这说明被调查者对于数据安全仍然给予很高的期望与要求。教育数据服务的匮乏，也实属必然。数据服务的创新是建立在与师生核心业务相关数据的充分共享与整合基础之上的，从调研中可以看出，面向师生教学业务与教育管理业务的数据采集、整合度都不高，能面向不同教育业务的数据挖掘与服务定制模型较少，这些都从多个侧面说明N市基础教育领域的数据服务水平和层次还有较大的提升空间。

最后，数据治理的技术水平低、数据质量差。被调查者将这些困难排序最后，一方面说明被调查者更多从教育业务层面关注数据治理，不太关注技术层面的问题；另一方面，数据治理技术、数据质量这两大类问题，只有在真实的教育数据治理实践中方能有更深体会，被调查者中绝大多数都没有真正参与教育数据治理实践中。

2.N市基础教育数据治理的支撑保障存在的问题

一方面，缺乏技术支持是影响教育治理最主要因素，而这与队伍匮乏、资金不足紧密相关。被调查者认为N市数据治理最缺乏的是技术支持，这一选择看似与不把技术水平低列为主要困难有矛盾，但其实恰恰反映了N市基础教育领域很多组织并没有真正体验到有技术支持的数据治理实践是怎样的，所以其关注的是数据治理技术支持有没有的问题，尚且谈不到对技术支持水平的判定。技术支持不足的原因，一是专业人员队伍的缺乏；二是经费不足，无法从外部购买好的技术服务。这两大方面被调查者列为影响教育数据治理的第二、第三大因素。

另一方面，跨部门的数据治理协同体制保障是组织体系创新的关键。虽然被调查者并没有把政策引领、部门条块分割、机制匮乏、一把手不重视等列为影响数据治理的主要因素。一是N市已经初步建立了一把手或副职领导分管，且相应部门负责教育数据治理，这是被调查者认为其不是主因的原因之一。另外，因为N市跨部门的数据治理实践并没有真正开展，其实践更多还在部门内部的数据采集、处理层面,很多部门尚未感知"部门条块分割、数据治理机制匮乏"等制约教育数据治理的深层因素。

(三)N市基础教育数据治理的发展需求

面向未来教育数字化转型,N市基础教育数据治理发展重点是什么?综合被调查者的意见(如图3-17所示),以及调查所反映的问题,重点可以从以下几方面推进:

第一,全面推进全市教育的数据化水平,丰富教育数据采集方式。被调查者将提高教育的数据化水平、采集多模态数据列为发展重点的第一与第三。这种选择说明虽然N市已经在师生基础数据、教师研修数据、教与学数据等方面有较好的积累,但所采集教育数据对各类教育业务的覆盖程度、在不同区域和教育组织的普及程度,以及数据样态的多样化、数据采集方式的无感知智能化等方面,仍需要做进一步的完善。

第二,创新数据应用方式,丰富数据服务。调查显示,N市教育数据的分析应用,以及以数据驾驶舱等为代表的数据服务,都相对薄弱。这也是被调查者将其列为第二、第五发展重点的原因所在。数据应用与数据服务方式的创新能让更多教育管理者、师生、家长享受教育数据治理的福利,有助于提高其参与教育数据治理实践的积极性。此外,虽然数据应用与数据服务的创新是以数据获取、处理、整合等为基础,但这并不等同于两者是时序上的先后关系,而应以数据应用与服务创新为驱动,以数据采集、处理和整合为基础,两者相辅相成、协同发展。

第三,重视数据质量的提升与数据规范标准的完善,以促进跨部门数据共享,支撑高质量教育数据服务。高质量的数据来源,以及在多部门数据整合中形成大数据,是提供优质教育数据应用服务的重要基础。正是基于这样的认识,部分被调查者将提高数据质量作为发展重点之一。教育数据质量的提升要从数据采集的源头抓起,并确保在数据的整个生命周期中不被"破坏"。数据质量的提升一定是以数据治理制度、标准、规范为保障,而数据标准规范建设落后,部分数据治理规范的缺位,极大制约了N市教育数据治理工作的深入发展。因此,继续完善数据治理相关的制度和标准,并建立持续更新和优化的机制,确保制度和标准始终与实际需求保持同步，是N市基础教育数据治理必不可少的重点工作。

第四，加强培训与教育，尤其是对非信息化部门领导和非信息化工作人员的深度培训。一方面，要鼓励信息化工作人员不断更新专业知识，开展更为深入和专业的数据治理培训。通过案例分析、实践操作等方式，帮助他们掌握先进的数据治理技术和方法，提升数据治理实践操作能力，以适应数据治理发展的需求。另一方面，要加强对非信息化部门领导，尤其是工作人员数据治理基础知识、数据治理与业务变革等相关内容的培训，通过课程学习，使他们了解数据治理的基本概念、原则和方法，认识到数据治理与其工作的相关性和对其专业发展的重要性。

第五，积极推进跨部门合作机制的建立。未来需要加强信息化部门与业务部门的沟通与协作，形成跨部门的数据治理合作机制，确保数据治理的全面性和有效性。明确各部门和人员在数据治理工作中的职责和权限，避免工作重复和冲突。建立教育数据治理相关利益群体共同参与数据治理规划、标准制定过程，确保策略的针对性和可行性。

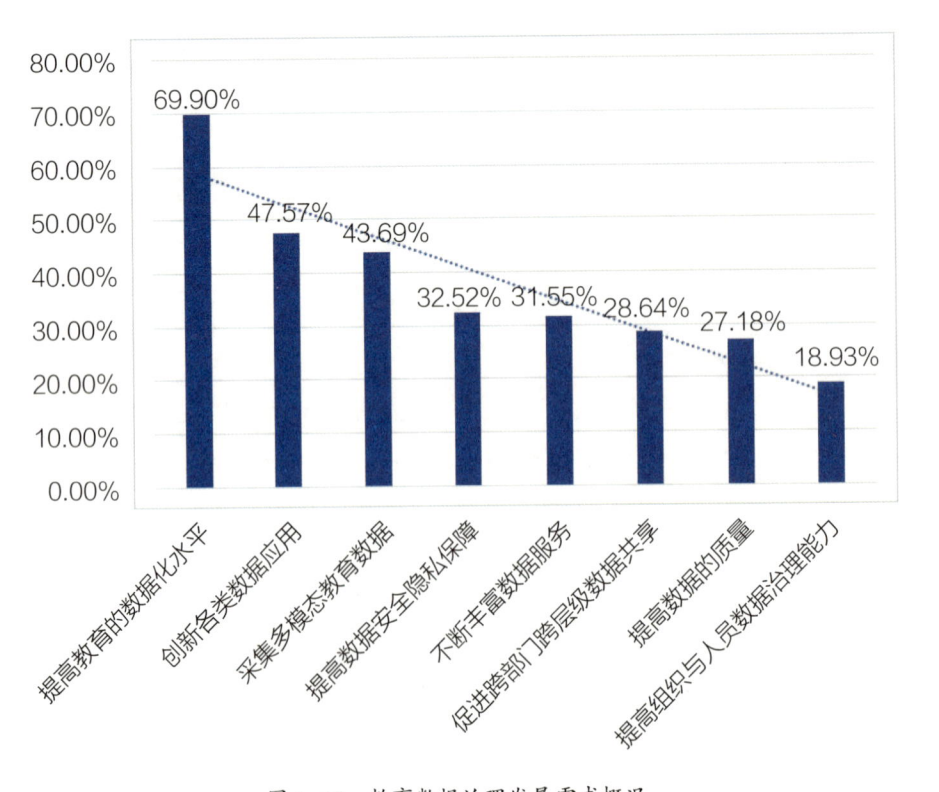

图 3-17 教育数据治理发展需求概况

第四章
N市基础教育数据治理体系构建与实践路径

近年来，N市基础教育数字化建设取得了显著成就，教育数据治理体系已初步成型。在教育数据采集、处理、应用等方面的实践探索正逐步开展。面向N市教育数字转型发展需求，进一步完善教育数据治理体系，以科学、高效的数据治理，推动基础教育质量的提升和教育资源的优化配置，正成为N市教育数字化转型发展的重点与难点。

一、N市深化教育数据治理的时代背景

（一）数据治理正成为我国提升教育治理水平的关键

教育数据治理是提升教育治理水平、提高教育质量的有效路径。通过对教育数据的整合、分析和应用，可以为教育决策提供科学依据，促进教育资源的优化配置，提高教育教学效果；通过对教育数据的挖掘和分析，可以发现教育资源配置不均衡、弱势群体受教育机会不足等问题，为政策制定者提供参考，推动教育公平发展；通过对教育数据的实时监控和分析，可以实现对教育工作的精细化管理，提高教育管理效率。

近年来，我国政府高度重视教育治理与数据治理工作，并制定了系列政策。2012年3月，《教育信息化十年发展规划》在教育信息化能力体系建设中提出，要制订教育数据标准，规范教育数据采集与管理流程，建立以各级各类学校

和师生为对象的国家教育管理基础数据库,推进系统整合与教育数据共享[1],正式拉开我国教育数据治理实践发展的帷幕。2015年,国务院印发《促进大数据发展行动纲要》,提出"数据已成为国家基础性战略资源",并在启动的十大工程之一"公共服务大数据工程"中明确提出建设教育文化大数据[2],教育数据治理成为国家级工程。2016年,《教育信息化"十三五"规划》进一步提出要规范教育数据采集、存储、处理、使用、共享等全生命周期管理,实现教育基础数据的"伴随式收集"和全国互通共享[3],对教育数据的共享互通提出了更高要求。2017年,国务院印发《关于深化教育体制机制改革的意见》,明确提出要加强教育大数据建设和应用,提出构建"互联网+教育"大平台[4]。2018年《教育信息化2.0行动计划》提出教育治理能力优化行动,要求全面打破教育数据壁垒,连接教育政务信息数据和社会宏观治理数据,提高利用大数据支撑保障教育管理、决策和公共服务的能力[5],明确了教育数据治理之于教育治理的价值目标。2019年,教育部发布《关于加快推进教育现代化实施方案(2018—2022年)》,提出要加强教育数据资源整合、共享和开放,推动教育数据治理体系建设。2020年后,国家出台《中华人民共和国数据安全法》《中华人民共和国个人信息保护法》等,为打破教育领域的信息孤岛,推动教育领域数据共享,提升教育数据治理提供了法律依据与政策支撑。2022年,我国迈入教育数字化转型发展阶段,《教育部2022年工作要点》明确提出"实施教育数字化战略行动",文件中对数

---

[1] 教育部.教育部关于印发《教育信息化十年发展规划(2011-2020年)》的通知[EB/OL].[2012-03-13].http://www.moe.gov.cn/srcsite/A16/s3342/201203/t20120313_133322.html.

[2] 国务院.国务院印发《促进大数据发展行动纲要》[EB/OL].[2015-09-05].https://www.gov.cn/xinwen/2015-09/05/content_2925284.htm.

[3] 教育部.教育部关于印发《教育信息化"十三五"规划》的通知[EB/OL].[2016-06-07].http://www.moe.gov.cn/srcsite/A16/s3342/201606/t20160622_269367.html.

[4] 国务院.中共中央办公厅 国务院办公厅印发《关于深化教育体制机制改革的意见》[EB/OL].[2017-09-24].https://www.gov.cn/zhengce/2017-09/24/content_5227267.htm.

[5] 任友群.走进新时代的中国教育信息化——《教育信息化2.0行动计划》解读之一[J].电化教育研究,2018,39(06):27-28+60.

据治理提出了更高层级的要求:"强化数据挖掘和分析,构建基于数据的教育治理新模式。"这些政策展示了我国对教育数据治理的高度重视和发展方向,国家正逐步健全教育数据安全管理制度,加强对数据平台的管理与监督,形成以教育部门牵头、多部门配合、多方面联动、全社会共同参与的多层次的教育数据治理格局,努力发挥数据治理推动教育数字化转型的核心动力。

(二)在"智慧N市"建设中推动数字政府高质量发展

N市非常重视数字时代政府职能转变与发展,正全面推进城市治理数字化、智能化,提升数字政府、数字社会、数字经济建设水平,促进N市城市治理体系和治理能力现代化,为全面建设人民满意的社会主义现代化典范城市发挥示范作用。

1.顶层设计,规划引领,推动"智慧N市"建设

早在2006年,N市就提出建设"智慧城市"的目标。2009年,N市委第十二届十六次全体会议正式提出建设"智慧N市"的重大战略。2011年,N市"十二五"规划提出实现"人文绿都,智慧N市"的建设目标。2012年,N市政府正式印发《N市"十二五"智慧城市发展规划》,提出5年内"智慧N市"建设总体思路和主要任务。2013年,N市政府印发《智慧N市顶层设计总体方案》,为"智慧N市"发展提供行动纲领,快速科学地推进"智慧N市"建设。2017年,N市印发了《"十三五"智慧N市发展规划》,明确要充分运用大数据、云计算、物联网等新兴技术驱动城市管理。2019年,为持续深化"互联网+政务服务"改革,擦亮"不见面审批"服务品牌,N市出台了《完善一体化在线平台深化"互联网+政务服务"打造"宁满意"工程实施方案》,实施"政务服务一件事""社会治理一类事""政府运行一项事"等改革,努力构建数字政府体系,着重打造数字政府建设特大基座,大力支持"放管服"改革、政务服务"一网通办"等新型应用场景。2020年6月,出台《加快推进城市数字治理工作方案》《N市政务信息化项目建设管理办法》,明确提出要强化对全市政务信息化项目的统筹、健全大数据管理体制、搭建城市运行监测调度平台、推进城市数字治理重大工程等相关工作。2021年,N市印发《N市整体推进城市数字化转型"十四五"规划》,把智慧城市建设作为城市数字化转型的动力源,以创新城市

治理模式、改善政务服务和公共服务等需要跨部门、跨条口汇聚数据，或需业务流程再造的综合应用项目为抓手，实施"新一代政务云""城市智能门户"等重大工程建设，切实整合提升各部门业务信息化应用水平。

2. 逐步建立政府机关、事业单位、国有企业协同运转的大数据管理体系与地方数据制度规范

N市从政府顶层规划管理、事业单位技术支撑、企业挖掘数据资源市场价值等角度合力推进城市数字化转型，以提升城市功能品质，改善公共服务。2019年1月16日挂牌成立N市大数据管理局，2020年初在市信息中心加挂市大数据中心牌子，数据相关统筹协调工作得到加强，政务数据资源的管理能力、共享开放应用能力和数据安全保障能力得到进一步提高。2020年6月18日，N市成立了具有国资背景的市大数据集团公司，在运用数字化手段管理城市、提升公共服务品质与精细化管理程度等方面，做出了开创性工作。结合N市现实情况，2019年8月政府令颁布《N市政务数据管理暂行办法》，印发《N市政务数据归集、共享、开放实施细则》《N市自然人主数据标准规范》《N市政务数据安全管理指南》等地方标准，为N市数据智能集成机制的形成，跨系统、跨部门的相关数据矛盾问题的解决，政务数据安全管理等提供了系列规范保障。

3. "智慧N市"初显成效，彰显引领示范作用

到2021年，N市人口综合数据库及管理平台汇聚了公安、人社、公积金、民政等18个委办局和"我的N市"、消费券等系统的数据，汇集总数据条数约242亿条，数据存储容量达4.6TB。N市政务数据共享交换平台频繁地使用了国家级7家、省级5家、市级45家单位的542个数据集，日交换数据量约为8GB，实现数据开放和共享接口235个，支撑了各区和公安、人社、房产等30多个部门，智慧人社、不动产登记、阳光惠民监管等60多个应用，以及不动产登记业务、"互联网+监管"平台、PK区城市治理现代化指挥调度平台、GC区社会治理指挥中心项目等近百个应用场景。2021年5月，重点城市一体化政务服务能力调查评估报告显示，N市在全国32个重点城市中总体指数排名第2位，与广州市、杭州市并列，N市"一件事一次办"改革被国务院作为优化营商环境15个典型案例之一在全国推广。

4. 持续深化数据治理，助推N市数字政府高质量建设

《2024年N市数字政府建设工作要点》中，N市进一步提出要注重改革引领和数字赋能双轮驱动，推动发展新质生产力，推进政府治理流程优化、模式创新和履职能力提升，加快构建数字化、智能化的政府运行新形态，提升政府治理体系和治理能力现代化水平，全面开创数字政府建设新局面。2024年，N市连续发布《N市政府关于推进数据基础制度建设更好发挥数据要素作用的实施意见》《N市数据资产登记暂行办法》，建立保障权益、合规使用的数据产权制度，形成畅通、合规、高效的数据要素大循环，加快形成数据要素治理新格局，从而在2030年建立起完整的数据可信流通体系，全面形成依法依规、开放合作、共同参与、各取所需、共享红利的数据要素新发展模式。

（三）智慧教育是N市数字政府的重要组成部分

在"智慧N市"建设中，智慧教育始终是其有机构成部分。2013年发布的《智慧N市顶层设计总体方案》中将"智慧教育"列为五大建设任务之一。《"十三五"智慧N市发展规划》不仅继续将"智慧教育"与智慧人社、智能交通、智慧医疗、智慧旅游共同列为五大建设任务，并更为具体地提出要形成具有N市特色的智慧教育服务体系，以智慧教育提升N市教育治理体系和服务水平现代化。《N市整体推进城市数字化转型"十四五"规划》则更为鲜明地将"智慧教育"列为N市"数字社会重点领域"八大领域首位，提出要整合全市教育管理信息系统，实现全市教育数据管理高效和统一，在教育治理、素质评价、学业监测等领域提供专业化的数据分析服务，推进"互联网+教育"大平台建设，打造空中课堂、数字化学习平台，优化"平台+资源"服务模式。推进心理健康云平台建设，建立学生专属心理档案，开发在线测评、心理咨询、危机学生预警等功能。进一步推进智慧校园和数据中心建设，提高管理决策能力和教育信息化创新水平。由此可见，不断提升教育管理数据与教学数据的治理水平正成为N市智慧教育纵深发展的重心。

以数据治理推动N市教育数字化转型成为N市高质量数字政府建设的重要任务。《2024年N市数字政府建设工作要点》中，将"教育入学"列为"一网通办"核心事务之一，将建设N市"互联网+教育"大平台，提升教育数字化服务水平，作为N市普惠数字公共服务的重要内容。并将智慧教育融合创新项目列为质量强市建设的19个项目之一，明确提出要建成高水平智慧校园标杆校15所，将数字化学习应用研究形成全国推广的N市经验，优质数字教育资源建设水平处于全省前列，基本建成N市教育数据治理平台和典型应用场景。2024年4月，N市发布《N市人民政府办公厅关于推进数据基础制度建设更好发挥数据要素作用的实施意见》，提出教育是加大公共数据开放共享力度，培育数据要素市场主体的重要领域之一。

（四）N市教育数字化建设正逐步向纵深发展

近年来，N市非常重视教育数字化建设，全面贯彻落实党的二十大精神，从系统平台、应用场景、师生素养、赋能发展等方面多维发力、多措并举，持之以恒推进教育数字化战略，为教育事业高质量发展注入强大动能。

首先，建好教育数据治理基座。N市扎实推进教育管理信息系统的集成管理，制定了《N市教育数据管理办法》推动系统集成化管理，并不断推动平台的联动化运用，建设N市教育专属云平台，推进市区两级教育数据中心平台建设，并实现与省级、国家级"智慧教育公共服务平台"的互联互通与资源共享。推动跨行业教育相关数据的一体化共享，将公安户籍、暂住证、学信网等跨行业数据统一接入教育数字化系统，进一步打通数据"壁垒"，实现"数据多跑路、群众少跑腿"。

其次，以平台为载体，升级创新智慧教育场景。N市创设"名师空中课堂"，打造N市特色数字教育平台，统筹整合名校名师资源，推动优质教育资源惠及更多师生，有效帮助学生实现全天候、全时段、全过程学习。积极创设"未来教室"，开展课堂教学变革实践研究和未来教育场景探索研究，加快探索基于数据分析的精准化教学和个性化学习模式。积极创设"网络学习空间"，为全市师生开发了内容丰富、类型多样的数字化教育教学资源，陆续打造出云课堂、e学校、英语App等十大类型"网络学习空间"样板。

最后，强化培训教学，提高师生数字素养。N市注重提高师生的数字化素养。已经形成校长领导力培训、中层干部专项培训、教师应用能力提升培训等多样化分层级的数字化素养培训体系。并积极探索跨学科研究等主题式培训和菜单式自选课程培训方式,创新开展了"教学中的技术看点""极简教育技术研修营"等特色培训,紧贴课堂教学应用实际设计研修内容。将数字化课程教学作为提升学生数字化素养的主渠道,围绕通识性数字素养、数字技能运用、数字内容创作等方面,研究开发跨学科融合的数字化教学课程,有效提高了学生理解数字化、运用数字化的能力和水平。

(五)数据治理困局制约N市教育的创新发展

N市教育数字化为教育现代化建设提供了强有力的支撑,教育数据治理工作初具基础。然而随着教育数字化向纵深发展,数据治理中所面临的诸多困局,使得其很难发挥数据之于教育变革发展的战略价值。N市基础教育数据治理存在的问题在第三章中已有翔实介绍,在此再做一概要提炼。

其一,纵向横向各类教育应用系统数据分散,未能有效整合,数据规范标准体系缺位,难以形成"N市的教育大数据"。N市、区、校已有很多教育应用系统,这些系统也积累了不少数据。虽然N市初步完成了对市级教育系统以及部分区域系统基于师生库的统一身份认证与访问权限控制,但因为没有规范统一的数据标准、数据模型,使得数据不规范、不一致,共享技术瓶颈高,并没有从底层上打通数据,更无法分析数据间的关联,难以充分发挥数据价值。

其二,教育管理系统与教育业务条块分割、多头管理,使得教育数据资源难以共享。虽然有教育数据治理负责部门、分管领导,但缺乏能从全局视角对教育数据进行管理、监督和控制的组织,缺乏统一的教育数据体系架构。业务的条块分割使得与业务相伴而生的数据分散在各部门,导致数据共享、流转的职责分散,权责不明。

其三,整体教育数据治理水平亟待强化。因为前两者的原因,整个N市缺少统一的主数据的汇聚、整合与管理,从而无法保障教育主数据在整个业务范围内的可信、完整、可控,导致很多核心教育业务数据不准确,数据质量参差不齐,低质量数据不少,从而很难提供数据驱动的各类教育应用服务,无法很好地以技术赋能教育管理水平、教育治理层次、教育质量的全面提升。

二、N 市教育数据治理目标的制定

面对N市教育治理存在的问题，N市教育局将以"互联网+教育"大平台建设为基础，通过机制体制创新，逐步解决"教育数据孤岛"问题，实现对区域教育数据的采集、挖掘、分析、应用，全面开发"数据"资源的教育价值，提升N市教育数据应用能力，创新基于数据的教育服务，以更好地解决区域教育高质量发展、个性化学习、科学管理决策等系列教育难题[1]。具体目标如下：

（一）在整合中打破孤岛，提升数据质量

通过教育数据中台建设，消除教育数据冗余和不一致现象，实现跨系统间的数据互通与共享，提升N市教育数据质量。通过数据治理体系的构建与实践，提高全市教育领域数据的准确性、一致性和完整性，做到一数一源，使教育数据更加可信、可靠、可用，为教育决策提供更准确、及时的数据支持。

（二）在合法、安全、共享中推动数据创新应用

建立数据共享机制，建立和完善数据安全管理制度，促进教育部门之间、学校之间、学校与家长之间等合法安全的数据使用和共享，明确数据的权益和责任，面向各群体教育服务需求与教育问题，促进教育数据的合法、合理的创新应用与共享。

（三）在数据治理中促进 N 市教育数字化转型

充分发挥数据价值，促进数据在教育教学、管理、教研等方面的深度应用。通过数据治理，打破部门之间的信息壁垒，促进部门之间的信息共享和协同工作，提高行政效率和管理水平，提升政府部门教育决策和规划的科学性和针对性。通过数据治理，优化教育资源的配置，全面推进N市精准化教学与学生个性化发展，促进N市教育的均衡发展与教育的高质量发展。

---

[1] 谢雷,陈丽,郑勤华."互联网+"时代数据治理的内在逻辑与实践路径——"互联网+教育"创新发展的理论与政策研究(四)[J].电化教育研究,2022,43(04):12-18.

三、N市基础教育数据治理的基本原则

N市正积极推进"互联网+教育"和教育数字化转型工作，市委办公厅、市政府办公厅出台《关于加快"互联网+教育"发展推进教育数字化转型实施意见》，全面推进N市基础教育数据治理发展。N市基础教育数据治理是建立在省、市、区、校等教育数字化已有充分发展，已然积累各类教育数据，初步形成各自的智能教育应用喜好的基础之上。所以面对这一复杂的教育数据现状，在数据治理推进中应秉承以下原则，避免教育数据治理工作陷入误区。

（一）注意不同层次教育部门纵向数据治理协同

我国基础教育管理体系包括教育部，省、地市、区等教育行政管理部门，事业单位，以及学校等层次。学校处于最底层，是各类教育教学数据的主要来源，也是挖掘数据在具体教育业务中价值的关键。区县教育行政部门一方面接收来自学校的教育数据报送，同时也向学校下发各种类型的教育数据，向上级部门报送数据，并通过数据方式实现教育管理与服务职能。地市级教育行政部门向省报送辖区内的教育数据，向县区下发各类教育数据。学校与区县级教育行政部门之间，区县级教育行政部门与地市级教育行政部门之间都互有数据往来。通常而言，在教育行政管理中，很少有跨级数据管理行为。但随着信息系统的普及，省级教育行政部门有可能发布"一竿子捅到底"的系统，通过省级教育行政部门与学校点对点的数据交互，实现教育数据的快捷、统一采集，但由此也使得教育组织之间的数据关系更加复杂。

如何在确保安全和可信前提下，实现跨域、跨层次基础教育数据的集成、共享始终是当下的难题。一方面，数据中台、应用系统多元复杂，很难通过单一技术手段实现；另一方面，条块分割的教育行政管理体系，成为数据自上而下、跨部门共享与交换的壁垒。对N市而言，首先需要构建市、区、校多级数据治理体系，实现地市与区县范围内的基础教育行政部门和各类教育机构的跨域数据治理。其次，需要探索如何实现与省级教育行政部门的数据共享，以及如何实现省级与教育部、与其他地市级的跨域数据共享。

（二）坚持数据治理的集约化、统一化、标准化

当前，N市已建设运行众多的教育信息化系统，既有市、区、校三级共性系统，也有区、校个性系统。部分系统在运行中产生的数据不一，且数据仅掌握在系统使用部门中，尚未实现数据的互联互通与共享。针对这种情况，要坚持集约化建设，在市教育局的统一领导下，开展调研，摸清全市各级各类系统的具体情况。坚持标准化建设，在遵循国家、省数据标准的前提下，结合市里情况，逐步建立健全统一的数据标准、质量管理规范、教育数据资源目录与数据字典，尤其是元数据规范，为教育数据仓库的建设提供基础，要不断提升数据的可信度与准确性，确保N市"互联网+教育"大平台数据底座的可靠性与完整性，以为全市各类信息化应用系统提供数据访问接口与基础的业务组件。坚持统一化建设，结合政府、学校、家长、学生的实际需求，全市一盘棋，整合现有教育信息化应用，对部分适用性不强或使用情况不理想的应用进行整改，积极推广优质的信息化应用，接入市"互联网+教育"平台，构建统一的教育应用服务体系，提升教育服务能力。

（三）警惕将教育数据治理等同于数据中台的技术化思想

毋庸置疑，教育数据治理势必是通过技术来承载的，技术是教育数据治理推进中不可或缺的关键性因素，技术的好坏对教育数据治理的成效的确至关重要。然而，在当前教育数据治理推进中，很容易将技术的重要性加以过度扩大，甚至将教育数据治理与某种特定技术的应用，以及某个系统平台的建设等同，导致将教育数据治理唯技术化。当前不少教育行政部门，在建设了数据中台或数据仓库后，就宣称已经实现了教育数据治理。

N市教育数据治理的推进一定要避免这种教育数据治理"技术化"的理念，不能认为教育数据治理的主要问题和障碍通过某种技术就能解决，从而将数据治理的责任全部推给信息化部门。以这样的思路推进数据治理，不仅很难让教育数据治理落地、可持续，无法有效破解数据治理过程中的现实问题，而且有极大可能使得数据中台沦为摆设，还有可能引发教育治理的混乱，造成人力、物力、财力的极大浪费。对教育数据的治理本质上是对教育业务的治理，是教育治理与数

据治理同频共振、相辅相成的过程，是教育业务部门与信息化部门深度合作，携手推动教育数字化转型的过程。

（四）教育数据治理是内部数据治理与外部数据治理的统一

在当前的基础教育领域，大部分部门都认识到组织内部数据治理的重要性，都愿意投入相应的精力与经费开展数据治理工作。组织内部的数据依托于已有科层体制，一般是集中式治理模式，管理者对数据具有完全的掌控，数据来源明确，数据治理难度相对较小。跨组织的数据治理则迥然不同，往往是分散式，各部门管理者只能掌控部分数据，且相互间没有领导关系，需要充分考虑数据权属、数据开放、数据安全等多项因素，需要打破部门制度壁垒，数据治理难度相对较大。

随着"互联网+"的发展，数据管理技术的不断成熟，以及教育系统变革对数据价值挖掘的需求，各级教育组织机构间的协作越来越紧密，跨组织的数据治理场景越来越多，数据治理开始逐步从聚焦组织内部走向跨组织协作，在组织间数据的充分流动中，能更好地发挥数据之于教育的真正价值。N市教育数据治理的深入推进，一方面需要督促各部门厘清自身数据治理中的痛点与难点，另一方面更需要站在全市教育发展高度，统筹谋划教育数据治理蓝图。

（五）做好教育数据安全性与数据开放性的平衡

教育数据的安全性与数据的开放性之间存在一定的矛盾。数据的开放和共享可能会带来数据的安全风险和隐私问题。在数据开放和应用过程中，可能会出现数据滥用的情况。开放的数据可能会面临被篡改、损坏或恶意攻击的风险，导致数据的可靠性和完整性受到威胁。在某些情况下，为了保护数据的隐私和安全性，需要限制数据的共享性和开放性。但是如果部门因为"害怕数据开放由此而产生的安全风险问题，以及可能的问责"，而将"部门数据"视为"禁脔"，则会成为制约教育数据治理发展的"铜墙铁壁"。

因此，N市在推动教育数据治理的进程中，一定要处理好数据的安全性与开放性之间的关系，需要权衡利弊，综合考虑数据的合规性、业务价值和风险控制等因素。一方面，制定教育数据治理策略和原则，建立科学的数据分类和分级制度，实施教育数据访问权限控制，加强数据加密和安全传输技术水平，建立完善的数据备份和恢复机制；另一方面，数据安全性与开放性不仅与技术有关，也与人员的认识与素质能力相关，所以需要加强对人员的安全管理和培训，增强人员的安全意识、技能水平，让数据治理利益相关群体消除对"数据安全问题的恐惧"，具备预防数据安全和隐私风险的能力与认识，实现数据的合规性和业务价值的有效保障。

四、N市基础教育数据治理体系构建

N市教育数据治理的推进理应在厘清三方面关系中构建教育数据治理体系。一是教育数据治理与教育改革发展间的关系，这是教育数据治理的出发点与旨归；二是教育数据治理实践相关要素、流程之间的关系，如对教育数据类型、数据权责、数据标准等的规定，以及对教育数据治理流程的规定，这是教育数据治理的重心工作；三是教育数据治理中的平台系统等数字化产品之间的关系，这是以教育数字基座为抓手，将教育数据治理实践落地的基础。

（一）基础教育数据治理与教育改革创新融合发展战略体系构建

教育数据治理的根本目的是教育治理能力的优化，是通过打破教育数据壁垒，连接教育政务信息数据和社会宏观治理数据，从而提高利用大数据支撑保障教育管理、决策和面向公众的教育服务能力。所以教育数据治理体系的构建，无论从其目标定位，还是数据治理过程，都要与教育战略发展、教育业务融为一体（如图4-1所示）。

首先，促进教育数据治理目标与区域教育战略发展目标的契合是数据治理体系构建的关键。教育数据治理是指对区域教育数据进行全面管理和控制的过程，以确

图 4-1 数据治理赋能教育组织发展体系

保数据的质量、安全性和有效利用；是将数据作为教育组织战略发展的重要资产，确保教育组织拥有准确、可靠、安全和及时的数据，充分发挥数据对于教育组织决策、运营和提升竞争优势的重要价值，提高决策效率和协作能力，降低风险和成本，推动教育创新和发展，为区域教育的战略发展提供强有力的支持。所以，教育数据治理的开展缘起于N市教育战略发展的需要，最终也落脚于赋能区域教育战略发展目标的实现。

其次，以治理体系促进教育数据治理与教育业务相辅相成、协同创新发展。教育数据来源于各项教育业务，教育数据的共建共享与价值挖掘也是附属于业务之上。一方面，数据采集、存储、分享等数据治理流程与数据标准等势必要考虑现有教育业务流程、业务标准，以及各业务部门之间既有的协同方式；另一方面，在教育数据的共建共享与价值挖掘中，也势必会优化甚至再造既有教育业务流程。教育数据治理体系的建立，势必与教育业务间相互渗透和支撑，才能有效促进教育数据治理。

最后，实现教育数据治理体系与区域教育治理体系的协同。教育数据治理体系是区域教育治理体系的有机组成部分，所以教育数据治理的政策、安全法规都应与区域教育政策保持一致。与此同时，教育数据治理中所面临的问题很多也源于教育组织内部，不同部门和业务单元之间因协同不畅而带来数据不一致、重复和不兼容等问题。教育数据治理中统一的数据标准和数据管理流程的建立，是对各个部门业务分工、业务协同关系的重新设定。教育数据治理体系中的保障机制要与区域教育治理体系共生发展，以教育数据治理为支持，推动区域教育治理水平的提升。

（二）基础教育数据治理业务框架体系构建

基础教育数据治理一般包括目标、角色、实施和数据。面向N市教育战略发展需求，围绕"教育数据"治理中的关键问题、要素，借鉴DGI数据治理框架，提出了N市基础教育治理体系的"六要素"体系模型。"目标（WHY）"确定数据治理做什么，决定了数据治理的整体设计；"角色（WHO）"确定数据治理谁来做，明确数据治理的参与者及各种角色的权责；"数据对象（WHAT）"确定具体治理的数据类型；"数据治理流程（WHEN）"确定数据治理的处理过程，涵盖了数据的生命周期；"实施（HOW）"确定数据治理质量保障，包括数据的标准、安全、质量、开放、有效；"技术工具（TOOL）"确定数据治理中的技术工具。

图 4-2 区域教育数据治理框架体系

1. 明确 N 市区域基础教育数据治理目标（WHY）

"目标"明确了N市教育局教育数据治理的使命和愿景目标，确定影响教育数据治理成功的因素，以及判定教育治理成功的指标和措施。目标的确立是要依托图4-1所示的体系，要广泛征求和融合教育数据治理中各群体的需求和教育共同愿景。

2. 建立全市教育数据治理的组织体系（WHO）

"角色"确定了N市教育数据治理谁来做，明确教育数据治理过程中的参与者，以及数据监管者、数据管理者、数据所有者、数据使用者等各种利益相关者的权责。具体而言，要成立由市教育局、各区、各学校代表组成的数据治理委员会，可以任命首席教育数据官，建立专门的数据治理办公室与队伍等组织架构，负责制定教育数据治理策略、标准和流程，监督数据治理的实施，明确市教育局、各区、各学校在数据治理中的职责和分工等，以确保区域教育数据治理的有效实施。

3. 明确 N 市基础教育数据的治理对象（WHAT）

"数据对象"明确了教育数据治理主要治理什么，以完成数据治理的整体方案设计。具体而言，要明确数据治理对象所涉及的行政部门、科研机构、事业单位、学校，以及管理者、教师、学生、家长等群体；明确所治理的数据涵盖管理、教学、人事、资产、经费、科研、统计、质量、评价等哪些教育领域或活动；明确所治理的数据中哪些是主数据、从数据，以及相应的元数据等。在此基础上，基于全市教育业务建立统一的教育数据模型或框架。

4. 明确教育数据治理流程（WHEN）

"数据治理流程"按照一数一源的要求，从数据收集、数据清洗、数据存储、数据共享、数据应用、数据评估、数据销毁等教育数据整个生命周期，建立教育数据的治理流程。具体而言，要考虑如何评估现有管理信息系统的数据质量和规范性，如何整合和标准化数据，如何构建数据共享平台，以及数据目录管理、数据授权管理、数据质量管理、元数据管理等问题。

5. 构建教育数据治理的政策保障体系（HOW）

教育数据治理中如何确保数据安全、质量和开放是治理成功的关键，而这需要相应的标准、规范、制度、政策等一系列保障体系。需要结合N市教育实际情况，参照教育部相应的数据标准规范，制定统一的数据标准，以便数据的统一管理和应用；需要建立完善的数据质量评估和监督机制，严格落实一数一源，并及时发现和解决数据问题；建立完善的数据安全保障机制，为安全合规的数据共享与应用提供保障；出台相关培训与激励政策，提升市教育局、各区、各学校师生员工的数据治理意识和技能水平，并以政策鼓励各部门积极参与数据共享和数据治理，提高数据的利用价值。

6. 搭建坚实的教育数据治理的数字基座（TOOL）

教育数据的治理最终都需要依托多种技术的支持，教育数据治理技术的先进性、可行性对教育治理水平起到非常关键作用。例如，支撑教育数据采集、处理、存储、共享等流程的数据中台技术，能从各类应用中进行数据抽取、转换清洗；实现数据集成整合与交换的ETL工具以及各类接口技术等，能对大量教育数据进行深入的分析和挖掘，创新教育数据服务；为教育决策提供支持的数据挖掘、数据驾驶舱等技术。

（三）基础教育数据治理技术体系构建

教育数据治理的技术体系是旨在确保数据的合规性、准确性、完整性和一致性，涵盖数据收集、存储、处理、分析到应用的整个生命周期，针对数据治理中的数据采集、集成、标准接口、元数据、数据安全等数据业务流程所提供的完整技术支撑体系（如图4-3所示）。

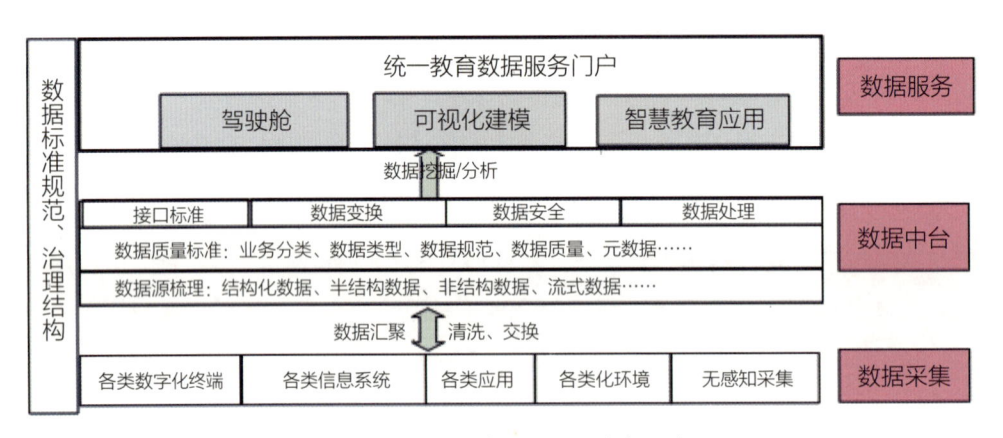

图 4-3 区域教育数据治理技术体系

1. 明确各类数据源的技术属性与数据交换方式

首先要对数据来源进行管理和控制，包括对数据源的识别、连接、监控等。教育数据来源于既有教育场景中无感知设备、各类数字化终端，以及已经广泛使用的各类教育系统、平台。数据中台中的数据很多需要从各系统中抽取、转换和加载而来。不同信息系统、环境与数据中台之间的数据交换共享时，要确定数据交换与共享的目标和原则，评估现有管理信息系统的数据质量和规范性，确定数据交换与共享的方案和技术，根据已有系统设计和开发数据接口，并做好数据交换与共享的安全控制。

2. 建设全市基础教育数据中台

数据中台是支撑N市数字化转型的基础底座，是储存业务数据、日志数据、爬虫数据、外部数据等全域数据、主数据、从数据，以及结构化数据、非结构化数据等的重要平台，是实现跨业务条线、跨系统的数据整合，为管理分析和业务决策提供统一数据支持的设施。数据中台要提供系列接口，与各类应用、下级数据中台进行数据交换。制定通用数据标准，实现数据标准化处理。要对来自不同源头的数据进行数据清洗，以消除错误、重复和不准确，提高数据质量。要建立统一的数据模型，将不同系统的数据整合到一个共同的数据模型中。建立数据仓库，将不同系统的数据整合并规范化，形成一个面向全市的统一的、主题的、集成的、非易变的数据集合。针对数据交换和共享过程，加强数据的安全控制，实现用户权限管理和监控、数据备份和恢复等。数据中台可采用微服务架构，保证系统的高可用性和扩展性。使用大数据技术，实现海量数据的存储和处理。采用数据湖技术，实现数据的集中管理和共享。使用数据质量管理工具，保证数据的准确性和一致性。采用区块链等技术，保证数据的安全性与可信性。数据中台建设可以采用分期建设的方式，先建设核心功能模块，再逐步扩展其他功能模块。

3. 创新教育数据服务

建立全市教育数据驾驶舱，或相应应用模块，为用户以及各类应用提供数据分析与决策服务，是教育数据治理目标实现的最终体现。教育数据驾驶舱是秉持数据驱动业务决策的理念，为不同教育用户能够随时查阅权责范围内的数据、轻松掌握整体趋势、精准洞察教育业务问题而设计的"数据视窗"，是基于大数据分析、人工智能技术、数据可视化技术，面向教育决策者、管理者的智慧数据服务产品。教育数据驾驶舱通过对大量、多种维度的数据组合来统一展示全市教育业务全貌。驾驶舱可以结合不同用户权责与需求，灵活选择不同维度的数据进行组合分析、数据挖掘，满足不同层次用户、不同教育场景的数据应用需求。除了依托数据中台建立驾驶舱为各层次教育用户提出教育数据服务，也需要通过数据中台与各类智慧教育应用接口，在数据的共享交换中，为下级教育组织、师生用户提供推送式的教育数据服务。

4. 形成教育数据治理标准规范与保障体系

教育数据治理技术方案的落地实施，必须有相应的标准、规范与制度体系为保障。整个技术方案的整体设计要依托N市教育数据治理委员会来决定。数据清洗、数据接口、数据模型的建立都要依据所建立的数据标准与规范。整个数据治理的推进中，需要有相应的培训和宣传，提高数据治理相关群体的数据治理意识与数据素养。

五、N市基础教育数据治理的实践路径

数据治理有着复杂的流程和工作环节，按照时序厘清基础教育数据治理实施的全部过程，有助于了解数据治理的起始点，并能更好地把握其发展动向。借鉴企业数据治理过程，将基础教育数据治理的实施过程分为5个阶段：制定目标、发现问题、确定方案、实施行动、评估效果（如图4-4所示）。

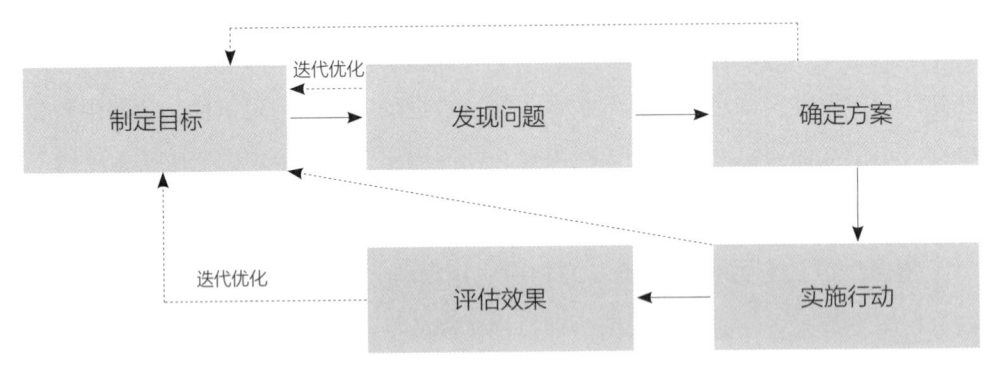

图 4-4 基础教育数据治理实施过程

（一）在顶层设计中明确目标

N市基础教育数据治理实施，需要先明确治理目标，对数据治理进行顶层设计和规划，建立N市教育数据治理的愿景目标。为了教育数据治理的有效和可持续发展，教育数据治理的规划与目标明晰过程必须与教育行政部门和教育机构的需求协同一致。当然这一过程往往并不局限于固定的时间阶段，也非固定不变，可随着教育数据治理的实施过程动态调整，贯穿于整个教育数据治理的各个阶段。区域教育数据治理目标的确定也需要考虑能够调动的人力、物力资源，综合数据集成、数据安全、数据使用等的管理因素进行决策，分层推动，以便在后续各实施环节中对数据进行良好治理。

基础教育区域教育数据治理是一项复杂的工程，基础教育数据治理中所涉及的人员既有各级教育行政部门，又有各类教育机构；既有数据监管者，也有数据使用者。所以，教育数据治理目标的制定可能需要自上而下与自下而上相结合，需要阐明治理目标实现中可能使用哪些数据，以及如何在实施周期内管理、

控制和访问这些数据[1]。此外基础教育数据治理，除了指向数据自身，更多还服务于数据所对应的教育业务、教育问题。所以其目标制定需要由N市教育发展中的问题或面临的重点任务驱动，为了解决某一类特定教育治理问题而制定相应的对策和目标。当然，数据治理需求也会根据管理人员和领导层的转变而改变，所以数据治理过程中，需要定期审视并努力保持对教育数据需求的领先性，使数据治理目标在技术和环境变化的同时不断进步。

（二）厘清教育数据治理问题

N市各级教育数据监管者、数据管理者需要根据所制定的区域数据治理目标，对照区域教育数据治理现状，厘清现实和理想状态之间的差距，发现并明确存在的问题，以为进一步明确教育数据治理任务奠定基础。区域教育数据治理所面临的问题多元复杂，在教育数据治理问题的厘清中，我们一定要明确问题是指向"教育数据"问题，而非教育领域的问题。

综合来看，区域教育数据治理中一般面临如下问题：（1）教育数据整合、分享、应用不足。因为未建立大数据中心，导致各类数据难以得到及时整合与分析。由于缺乏统筹规划和对系统整合的有效支持，各类数据分享流动不足，难以满足教研、管理、评估等方面的综合需求。（2）组织在教育数据治理方面共识度不高。管理者、教职工等难以意识到大数据的重要性，缺乏对大数据观念的深度理解和应用意识，使得不同主体需求不明，限制数据治理的推进和发展。（3）教育数据治理保障机制缺失。多数教育系统的开发建设和管理职能分散在各个不同的部门，导致数据来源不明确、权责边界模糊。缺乏基于全局视角对数据采集、传输、使用进行管理的组织，使得数据治理工作得不到足够的重视和有效推进。数据资产不清晰，很多数据分布于不同的业务系统中，对数据资产的管理和整合尚不完善，难以充分发挥其价值。（4）管理与技术面临挑战。现有的教育管理架构和数据管理体系难以解决"信息孤岛"问题，无法推进数据共享和流通。教育数据量不断增长，数据类型也日益多样化，应用系统多元复杂，对数

---

[1] A.Sinaeepourfard, J.Garcia, X.Masip-Bruin, E.Marin-Tordera, X.Yin and C.Wang, "A data lifeCycle model for smart cities[C].2016 International Conference on Information and Communication Technology Convergence (ICTC), Jeju, Korea (South), 2016:400-405.

据处理和分析技术提出了更高的要求。

还可以继续将教育数据治理问题做进一步的细化与标准化，例如"数据治理涉及哪些教育业务范围？""应如何评估不同类型教育数据的质量？""不同业务部门对同一教育指标在数据层面是否具有不同的理解和定义？""所涉及教育数据的来源有哪些，权威数据是哪个？""数据是否可获取？数据所有者是谁？""使用数据需要注意哪些合规性问题？"等。[1]

教育数据治理所需解决的问题，不能仅靠分析，还需要教育数据监管者、管理者对组织的实际状况进行深入调查、分析与挖掘，发现真实的、潜在的教育数据治理问题。教育数据治理方案制定过程，是解决教育数据治理问题的过程，所以教育数据治理工作管理者在问题的厘清过程中，要根据实际情况动态调整数据治理目标。此外，数据治理是一个多方协作的过程，因此在问题发现厘清阶段，各级教育行政部门和各类教育机构应积极组织跨部门的商议，促进各层面对数据的可用性、可能性和局限性有更强的整体理解。

（三）在多要素融合中确定方案

确定基础教育数据治理的目标和存在问题后，就需着手制定和部署教育数据治理计划、推进方案[2]，制定数据收集、处理、分析和呈现的计划。具体可以包括确定如何、何时和由谁提交或收集数据等，细化数据采集策略、数据分析和协调沟通等细节。数据治理方案可能会因基础教育组织需求、机构规模、管理机制、行政考虑、利益相关者的相互关系等因素的差异而有所不同。作为区域层级的教育数据治理方案，可能涉及不同层次的教育主体，所以需要考虑市、区、校三级各自教育数据治理方案的协同，需要考虑共同需求与个性化需求的均衡。

总体而言，方案的确定包括四个方面的工作：一是确定教育数据治理的总

---

[1] Robert S.Seiner.Common Data Governance Challenges[EB/OL].[2019-09-04].https://tdan.com/common-data-governance-challenges/25248.

[2] Michael Ott.A Ten-Step Plan for an Effective Data Governance Structure[EB/OL].[2015-12-01].https://tdan.com/a-ten-step-plan-for-an-effective-data-governance-structure/19183.

体路线图，包括确定数据治理计划开展的整体任务，以及对任务加以分解后的详细活动，确定权威数据源，明确治理的预期效益目标等。二是确定人力物力保障方案，包括明确项目预算，明确人员角色等。例如确定技术和业务人员的责任分工，形成数据治理团队，并在各个数据监管者和数据管理者中达成共识。三是在机制层面确定管理方案，包括明确数据领域，明确数据控制政策和标准。四是在技术层面确定推进方案，包括明确数据工作流程，明确数据审计和控制措施，明确数据安全措施，明确个人信息保护政策等。在确定方案的过程中，各级教育行政部门和各类教育机构还可根据实际情况，及时反馈并形成对目标制定的动态迭代。

（四）因地制宜开展数据治理行动

明确方案后，教育数据治理即进入行动阶段。教育数据治理的行动会因不同教育行政部门或教育机构而有所不同，其实际落地的方式、步骤以及解决问题的手段也往往不同，需要因地制宜，根据实际状况有针对性地实施。

第一，要组建教育数据治理专业队伍，如数据科学家、教育信息化专家、教育管理专家等建立教育数据治理的项目团队，团队要明确目标，形成共同愿景，制定项目行动计划。第二，对教育数据进行梳理与分类，结合教育组织需求，全面收集学生、教师、教学等教育数据，并对数据进行梳理和分类。第三，制定数据治理标准与规范，如数据命名、采集、存储、处理、共享等方面的规范、数据格式标准、数据保护要求、访问权限等。第四，明确数据整合与共享路线，如建立数据中心，整合分散数据，对数据进行清洗与整合，建立数据共享机制，推动部门间数据共享等。第五，加强数据安全与质量管理工作，实施数据加密、备份、容灾等安全措施，**确保数据的安全**。建立数据质量监控机制，定期对数据进行质量检查，确保数据的准确性。第六，开展培训与宣传工作，对相关人员进行数据治理培训，增强他们的数据意识和技能。通过内部会议、培训等方式，宣传数据治理的重要性和意义。第七，评价与持续改进，明确教育数据治理效果评估方案，定期评估数据治理的效果，收集反馈意见，进行改进。关注新技术的发展，及时更新数据治理的技术手段。

当然在教育数据治理的实施中，建立和维护一个所有教育参与者都能理解和参与的沟通机制是成功推进数据治理实施的关键[1],应确保各类教育机构、教育行政部门、研究机构,以及其他利益相关群体对教育数据治理的目标、数据规则、数据采集等有共同的理解,确保组织中的每个成员都遵守相关的政策、准则和工作纪律,尤其是在涉及数据质量、数据安全等方面。同时应确保教育数据治理实施的灵活性和可迭代性,在实施过程中根据数据治理进展及时进行回溯反馈,形成对数据治理目标的迭代优化,随着治理的推进和目标的调整而动态更新。

(五)制定评价方案评估数据治理效果

教育数据治理评价方案是为了评估区域教育数据治理工作的成效而制定的一套标准和方法。教育数据治理效果的评估与实施是相辅相成、交互进行的。基础教育数据治理实施过程中应支持和鼓励教育行政部门、教育机构和外部第三方机构之间围绕数据开展沟通和合作,推进动态评估,不断迭代反馈[2]。教育数据治理的评估是对治理目标和已完成的任务的比对与验证,是对数据安全、个人信息保护、数据可访问性、主体权利、数据充分性、数据可信度、数据时效性、数据准确性、数据可用性、数据完整性、数据一致性等的评估,以及时发现数据治理中存在的问题,通过问责和激励机制给出相应建议,以帮助进一步迭代优化数据治理实践。

区域教育数据治理评价方案一般包含:评价目标,如评估区域教育数据治理的成熟度、数据质量、数据安全性、数据共享与应用效果等;评价指标,如教育数据治理的成熟度,数据治理工作的组织架构、规章制度、人员配备、技术支持等方面的完善程度;评价数据质量,如数据的准确性、完整性、一致性、及时性,数据的安全性、保密性、完整性、可用性等方面;评估数据共享的广度、深度、效率,以及数据在教育管理、教学科研等方面的应用效果。还需要确定教育数据治理效果的评价方法,如问卷调查、实地访谈、数据分析等。

---

[1] Tim Jennings.Implementing Effective Data Governance[EB/OL].[2020-10-19]. https://www.synechron.com/sites/default/files/2022-04/Implementing-Effective-Data-Governance.pdf.

[2] Carol Newcomb.Measuring Success in Data Governance[EB/OL].[2023-08-17]. https://www.informatica.com/blogs/measuring-success-in-data-governance.html.

第五章
面向数据治理的 N 市"互联网+教育"大平台建设

互联网教育作为一种新兴的教育模式，正逐渐改变着传统教育的面貌。大数据、云计算等技术的广泛应用，为互联网教育大平台的建设提供了技术支持。建设"互联网+教育"大平台，对深化我国互联网教育具有重要的现实意义和深远的历史意义。《教育信息化2.0行动计划》《关于推进"互联网+教育"发展的意见》[1]等提出要建设"互联网+教育"大平台。"互联网+教育"大平台是指教育部门所建设的教育信息化综合服务平台，为教育行政管理部门、学校、师生家长、公众等提供全面的信息化业务支撑和服务的平台[2]，是推进互联网及其衍生的相关技术与教育深度融合，实现教育变革，创造教育新业态的综合性平台，是教育新基建的关键建设内容，是支撑"互联网+教育"开展、教育数据治理的重要载体和技术平台。N市作为教育信息化建设的先行者，积极响应国家政策，结合《N市"十四五"教育发展规划》和《N市城市运行"一网统管"工作三年行动计划》，启动了N市"互联网+教育"大平台的建设。该平台的建设不仅符合国家关于国产化替代的要求，而且在技术上也进行了创新，以提升N市教育数字化转型的水平。

---

[1]《关于推进"互联网+教育"发展的意见》为内部发文文件,未公开。
[2] 田永健,靳丽,闫玮等.内蒙古"互联网+教育"大平台建设研究[J].中国教育信息化,2023,29(03):58-67.

一、"互联网+教育"大平台的内涵与发展策略

（一）"互联网+教育"大平台的内涵

在当前信息化时代背景下，"互联网+教育"大平台的构建已成为推动教育创新发展的重要手段。"互联网+教育"大平台本质上是一个综合性的、基于互联网技术的教育信息化平台。"互联网+教育"大平台不仅是传统教育模式的技术升级，更是深层次的教育模式创新[1]。通过利用信息技术与互联网思维，实现教育资源的优化配置，提高教育质量与效率，并促进教育公平性。[2]

1. "互联网+教育"大平台内涵的发展历程

"互联网+教育"大平台的发展历程是一个不断演变和深化的过程，可以被划分为三个阶段：初始阶段、发展阶段和成熟阶段。

初始阶段的"互联网+教育"大平台以提供在线学习资源为主要功能，这一时期的平台以基础的课程资源分享为主要特色，例如提供视频课程、电子教材等数字化教育资源。这些平台通常作为传统教育的补充，通过网络技术的应用，使得教育资源的获取不受地域和时间的限制，为学习者提供了便利。这一阶段的标志性事件包括中国互联网教育的萌芽，以及早期如精品课程资源网等在线教育平台的建立，为后续的发展奠定了基础。

发展阶段的"互联网+教育"大平台开始向更高级的教育服务演变，这一阶段的平台不仅提供学习资源，而且开始融入更多的教学互动和教育服务功能。例如，实现在线互动教学、在线考试和评估、学习管理系统（LMS）等功能，这些都大幅提升了在线教育的互动性和有效性。此外，随着技术的进步，这一阶段的平台开始采用云计算、大数据分析等技术，以提高教育服务的个性化和智能化水平。这个阶段的发展可以看作对初始阶段的延伸和深化，标志着"互联网+教育"大平台的功能和服务能力得到了显著提升。

---

[1] 陈丽萍."互联网+"教育时代背景下的高职体育教学改革研究[J].当代体育科技,2017,7(07):249+251.

[2] 吕小刚.以"互联网+教育"构建行政学院干部教育培训新模式[J].教育现代化,2016,3(04):62-64.

成熟阶段的"互联网+教育"大平台标志着在线教育服务的全面升级和优化。这一时期的平台通常具备全方位的教育服务功能，包括个性化学习路径设计、智能推荐系统、学习分析工具等，能够为学习者提供更加精准和高效的学习体验。同时，平台的开放性和可扩展性也极大增强，能够不断适应教育需求的变化，并与教育政策、教育研究紧密结合，形成了一种与时俱进的教育服务模式。这一阶段的平台通常能够实现教育公平与效率的有机结合，为构建学习型社会提供有力支撑。

纵览其发展历程，"互联网+教育"大平台的发展历程是从提供基础学习资源，到提供综合性教育服务，再到实现个性化和智能化学习支持的过程。这不仅反映了技术进步对教育的深远影响，也体现了教育需求和教育理念的不断进步与更新。未来，随着技术的不断发展，"互联网+教育"大平台有望实现更广泛的应用，并最终实现教育的个性化、智能化和普及化。

2."互联网+教育"大平台的内涵

第一，"互联网+教育"大平台的构建基础是互联网技术，包括但不限于云计算、大数据、物联网、人工智能等现代信息技术。这些技术的综合应用，使得教育资源的整合与共享成为可能。例如，云计算平台可以为教育机构提供弹性的计算资源，支持大量在线学习资源的存储与计算处理；大数据技术则能够对教育过程中产生的海量数据进行分析，为个性化教学、智能推荐、教学效果评估等提供支持。

第二，"互联网+教育"大平台的服务对象广泛，包括学生、教师、教育管理者、家长以及社会公众等。平台通过为不同用户提供个性化的服务，实现教育资源的有效配置与利用。例如，学生可以在平台上自主学习，获取适合自己学习风格和水平的资源；教师可以进行在线教学、课堂管理、在线互动和科研活动；教育管理者则可以通过平台进行教育管理与监督，提高管理效率。

第三，"互联网+教育"大平台的功能覆盖了教育管理、教学辅助、资源共享、资源个性化推荐、学生学习管理、家长沟通等多个方面。这些功能通过互联网技术的应用，实现了教育服务的线上化、智能化和个性化。例如，通过大数据分析，平台可以对学生的学习习惯、知识掌握情况进行精准分析，为学生提供个性化的学习建议和路径。

第四，从技术实现的角度看，"互联网+教育"大平台通常具备高可用性、高扩展性和高安全性的特点。高可用性保证了用户的使用体验，高扩展性确保了平台在用户规模增长时的处理能力，高安全性则是保障用户数据安全和隐私保护的基础。

第五，"互联网+教育"大平台的建设与实施，不仅需要考虑技术层面的设计，还需要结合教育的实际需求，制定相应的标准和规范，确保平台的有效性和用户的接受度。同时，平台建设也应考虑到教育的公共性和服务性，通过政府和教育机构的引导与支持，推动平台的广泛应用和可持续发展。

综上所述，"互联网+教育"大平台是一个集技术整合、资源整合、服务整合于一体的综合服务平台。它通过互联网技术的应用，不仅改变了传统教育的教学、学习和管理方式，而且推动了教育资源的优化配置，提高了教育的可获取性、可访问性和个性化水平，最终促进了教育的创新发展和教育质量的提升。

（二）"互联网 + 教育"大平台的定位

"互联网+教育"大平台的建设是教育信息化发展的新阶段。面向教育发展的需求，该平台需要具备整合教育资源、优化教学管理流程、支撑个性化教育、智能教与学推荐等功能[1]。

第一，资源整合是"互联网+教育"大平台的核心功能。该平台可以实现优质教育资源的共享与交流，包括课程资源、在线课程、电子图书、教学视频等。各类学习资源的数字化、网络化不仅打破了地域、时间的限制，还实现了资源的最大化利用。而且，教学管理系统的融合，使得教学管理过程更加高效、透明化。管理者可以通过平台进行课程安排、成绩管理、资源调配等操作，同时也方便了教师对学生学习进度的跟踪与监控。

第二，数据治理是"互联网+教育"大平台的关键所在。数据治理是"互联网+教育"大平台的基础与核心，数据的标准化、质量、安全和有效使用[2]是

---

[1] 教育部.教育部等六部门印发意见部署教育新型基础设施建设[EB/OL].[2021-07-21].http://www.moe.gov.cn/jyb_xwfb/gzdt_gzdt/s5987/202107/t20210721_545968.html.
[2] 金观平.推动数据依法合理有效利用[N].经济日报,2024-10-22(001).

"互联网+教育"大平台建设应用的重点，是有效提升"互联网+教育"大平台的运行效率和教育质量，推动教育的数字化转型和创新发展的关键。

第三，个性化教育是"互联网+教育"大平台的特色功能。利用大数据分析技术，平台可以根据学生的学习习惯、知识掌握情况和兴趣偏好，提供定制化的学习路径和资源推荐。这种一对一的教育方式能够有效提高学习的针对性和有效性，而个性化教育功能的提供以智能推荐为主要形态。通过机器学习等人工智能技术，平台可以精准地推送适合学生的学习资源和课程，提高学习效率。同时，智能推荐系统还可以为教师提供教学辅助，如推荐相应的教学资源和技术工具。

第四，开放共享是"互联网+教育"大平台的显著特征。平台向第三方教育机构、教育工作者、学生及家长等多个利益相关者开放，打破了传统教和学的边界，促进教育生态的开放合作。开放性还体现在平台的扩展性上，第三方开发者可以根据需要对平台进行定制开发和功能扩展。共享性则表现在资源和知识的无界分享，促进了教育资源的优化配置和知识的快速流通。

第五，实时性和互动是"互联网+教育"大平台的重要特点。实时性表现在教育活动的实时记录与反馈，以及资源的即时更新和共享，保证了教学的及时性与数据的新鲜度。互动性是指通过在线讨论区、实时问答、论坛交流等功能，学生与学生之间、学生与教师之间的互动更加频繁和直接，这不仅增强了学习动力，也丰富了学习体验。

第六，关注"互联网+教育"大平台建设中不同区域的差异与效益。"互联网+教育"大平台建设需要考虑区域差异和不同学段教育特点，不同地区的平台建设需要有针对性地规划和实施，需要重视"互联网+教育"大平台的经济效益、教育效益与社会效益的发挥。

综上所述，"互联网+教育"大平台通过其功能与特点，正在深刻改变传统的教育模式，为教育的现代化发展提供了有力支撑。随着技术的不断进步和应用的不断深化，未来"互联网+教育"大平台将更加智能化、个性化，更好地服务于学习者和教育者。[1]

---

[1] 金观平.推动数据依法合理有效利用[N].经济日报,2024-10-22(001).

（三）"互联网＋教育"大平台建设策略

构建区域层级的"互联网+教育"大平台是推动教育信息化发展的重要举措。区域层级"互联网+教育"大平台的构建，需要从政策支持、技术应用、平台建设、人才培训等方面进行全面考虑。

首先，政策支持是推动区域"互联网+教育"大平台建设的基础和保障。政府需要出台相关政策，为平台的建设和运营提供明确的指导和支持。例如，可以通过财政资助、税收优惠等方式激励相关主体参与平台建设；同时，还需要制定相应的法规和标准，确保平台的数据治理和数据安全。政策的支持能够为平台建设提供良好的外部环境，增强建设的可持续性和稳定性。

其次，技术应用是实现区域"互联网+教育"大平台功能的关键。在建设平台的过程中，需要整合云计算、大数据、人工智能等先进技术，以提升平台的数据处理能力、分析能力和服务能力。例如，通过云计算平台支持大规模的数据处理和存储，利用大数据分析技术挖掘用户行为、优化资源配置，以及应用人工智能技术提升个性化服务的水平。技术的应用能够提升平台的整体性能，满足教育管理和教学服务的需求。

再次，平台建设是实现"互联网+教育"大平台功能的具体实施步骤。在建设过程中，需要考虑平台的可扩展性、安全性和稳定性。一方面，平台需要有良好的可扩展性，以适应未来教育需求的变化；另一方面，要确保平台的数据安全和系统稳定，防止数据泄露和系统故障。此外，平台的建设还应考虑用户体验，提供直观、易用的操作界面和功能设计，以提高用户的使用满意度。

最后，人才培训是保证区域"互联网+教育"大平台长期有效运行的重要条件。建设平台不仅需要技术人员的支持，还需要有专业的管理和服务人员。因此，需要通过培训等方式，提升相关人员的技术水平和服务能力。培训内容应包括平台的操作使用、数据处理、用户服务等方面，确保平台的高效运行和用户需求的满足。

综上所述，区域层级"互联网+教育"大平台的建设需要多方面的策略支持。政策的支持为平台提供了发展的方向和保障，技术的应用是平台功能实现的关键，平台的建设是功能实现的基础，人才的培训则是保证平台可持续发展的重要保证。只有综合这些策略，区域的"互联网+教育"大平台才能有效地服务于教育的发展和提升教育治理的现代化水平。

二、N 市"互联网+教育"大平台的需求分析

（一）教育数字化转型纵深发展对大平台的需求分析

教育数字化转型是指利用数字技术推动教育领域的全面变革。它不仅仅是在传统教育模式中加入数字化元素，更是通过信息技术与教育的深度融合，创新教育理念、教学方法和评价体系，实现教育资源的优化配置和教学质量的全面提升。这一转型的核心要素包括教学内容的数字化、教育资源的共享、教学方式的创新、学习过程的个性化以及评估方法的多样化。而大平台作为教育数字化的重要载体，其一系列的设计与实现都需要为满足教育数字化转型纵深发展的需求服务。

1. 国家智慧教育云平台发展对 N 市教育数字化转型的需求

打破"信息孤岛"和"数据烟囱"，推进数据集中和共享，建设一体化大数据中心，推进技术融合、业务融合、数据融合，实现跨层级、跨地域、跨系统、跨部门、跨业务的协同管理和服务，已成为国家推进信息化发展的必然要求。为此，国家智慧教育云平台于2022年3月28日正式上线运行。国家智慧教育云平台是教育部推出的国家级教育信息化基础设施项目，旨在通过云计算、大数据、人工智能等现代信息技术，整合和优化教育资源，推动教育现代化，提高教育质量和效率。它汇集了中小学、职业教育、高等教育、大学生就业服务等各类教育平台，给教育领域大平台建设与应用提供了示范引领。N市党委、市政府在数字政府等四个行动方案中也明确提出，要推动教育领域数字化转型，建设教育数据治理平台，推动优质教育资源普及应用全覆盖，提供高效的教育信息资源和应用服务。可以说，推进教育数据治理平台建设是N市教育数字化转型发展的必然要求。

2. 以数据治理提升 N 市教育治理与教育服务水平的需求

基于数据的精准决策正成为教育治理的重要特征，需要实现全样本、全过程、多模态的数据采集，以及数据的跨部门、跨系统共享，通过决策分析和监测

工具将数据转化为"政策证据"[1]。教育信息化平台的终端用户是学校、教师、学生、家长，他们在平台（系统）应用过程中的体验感、参与度直接决定着平台（系统）应用成效和数据的鲜活度。随着移动互联网、即时通信工具的普及，各类教育终端用户利用信息化平台（系统）和数据资源办理业务、沟通交流、学习提升的内在应用需求越来越大，各级教育行政部门推进信息化应用的要求也越来越高，现有的各类教育平台（系统）和数据资源已无法满足教育数字化转型发展的应用要求[2]。为了提升以数据驱动为主要治理手段的教育治理能力，建设教育数据治理平台，需要汇聚融合多源多样数据，并根据用户需求推动系统流程再造，从而有效满足各类教育用户应用需求，实现教育治理与教育服务水平的提高。数据治理不是一次性建设过程，而是一个长期的运营过程。因此，数据治理平台中的各模块、工具等应针对长期的运营过程进行优化和集成，无缝衔接各工作环节[3]。在建设教育数据治理平台的同时，还应同步建立市域领导驾驶舱，构建教育数据大脑和网格化管理体系，开展教育大数据分析监测与决策服务，为持续提升教育态势全面感知、趋势智能预判、资源统筹调度、人机协同能力提供关键支撑，推动N市教育数字化转型发展。

3. 以学习分析助推N市智能学习深入发展的需求

学习分析是指测量、收集、分析和报告有关学生的学习行为以及学习环境的数据，用以理解和优化学习及其产生的环境的技术。在教育研究领域，学习分析通常用来揭示学习者的学习模式、学习策略和学习成果，以及评估教学策略和教育政策的实施效果[4]。为了实现学习分析推动智能学习发展的目标，N市近几年的信息化教学建设中，数字化学习平台已完成了从1.0到2.0的建设升级，正规划升级建设到3.0。在此建设过程中，多批次、多场景建设了一系列系统，包括

---

[1] 程莉莉,施建国.教育新基建背景下区域教育信息化发展趋势和路径[J].中国教育信息化,2022,28(07):59-64.

[2] 程莉莉,施建国.教育新基建背景下区域教育信息化发展趋势和路径[J].中国教育信息化,2022,28(07):59-64.

[3] 黄俊峰,叶滂俊,王敏.基于大数据基础平台的数据治理实践[J].信息技术与标准化,2022(06):19-23.

[4] 刘睿,向磊.近十年我国学习分析领域研究热点及发展趋势——基于CNKI(2013~2023)核心期刊文献分析[J].教育进展,2024,14(4):70-79.

名师空中课堂、在线教学、资源管理平台、智慧课堂，以及考试阅卷、纸笔课堂等系统。这些系统的推广应用产生了大量的常态化的教师教学与学生学习数据，分散在各个系统中。需要制定教与学数据的整合与共享标准，以教与学数据赋能教学全流程，使数据贯穿老师课前、课中和课后全流程，实现精准化备课和差异化教学。还应该构建以学生为中心的教学模式，通过数据分析辅助学生的学习，重构学生学习过程，精准定位学生的薄弱点，实现个性化学习和辅导。通过数据赋能师生全流程，促进教与学的人机协同与减负增效。

4. 新一代技术应用与跨平台数据整合的需求

新一代信息技术是新一轮科技革命的先导，主要包括六个方面，分别是下一代通信网络、物联网、三网融合、新型平板显示、高性能集成电路和以云计算为代表的高端软件[1]，推进教育数字化转型发展，离不开5G、物联网、大数据、云计算、人工智能等新一代信息技术的支撑。随着技术的飞速发展，平台和数据上移、应用和服务下沉的技术趋势日益明显，大平台、大系统、大数据的建设模式日趋成熟。随着网络服务平台化的深入，网络平台的资本与技术优势持续释放，使其成为掌握数据的重要主体。然而，网络平台私有性和公共性之间存在的张力，加剧了其在数据收集、存储、传输、处理和使用过程中失范风险的外溢可能，多元主体博弈失衡等因素的叠加进一步增强了对网络平台数据进行治理、整合的正当性[2]。通过建设N市教育数据治理平台，整合N市本级教育系统已建各类平台和数据，对上可以实现与国家、省级数据中心的对接，实现多级平台的互联，并为智慧城市提供接口数据预留，实现与政务云/城市大脑有效链接和业务互联，为后期的"数字政府"提供业务与数据支持；对下可以实现全市所有中小学智慧校园及第三方开发者平台之间的主动与被动连接，建立满足未来教育信息化发展的数据标准体系，并实现全面汇聚与对接全市现有各类离散数据，提供数据结构化服务。由此形成的市级教育数据大数据资源池，可以有效解决目前存在的各区域、学校、部门间业务系统不统一、数据孤

---

[1] 胡锦绣,钟书华.国内"新一代信息技术产业发展评价"研究述评[J].科学管理研究,2019,37(4):57-62.

[2] 陈荣昌.网络平台数据治理的正当性、困境及路径[J].宁夏社会科学,2021(01):72-80.

岛、应用不便、共享困难、使用率低等制约教育数字化转型发展的问题。基于数据中心构建多种业务场景的主题数据库，实现多源异构数据的有效组织与聚合。依托于教育大数据中心，实现全业务数据采集、汇聚、治理、共享、交换，实现数据的统一化输入和输出。

形成N市基础教育教学数据统一共享标准，有助于支持多平台数据资源共享交换的顺利实现，以及数据交换过程的操作合规化，以避免主观因素的影响，从而推进数据合理合规的场景化应用，也有利于后期将要建设的系统接入数据中心平台，实现数据的统一汇聚。通过数据标准的制定与应用支撑N市教育数据治理平台建设，从而实现数据集中管理、流转、存储、共享、应用，构建N市的教育数据资产。

（二）N市"互联网+教育"大平台技术性能提升的需求

N市"互联网+教育"大平台的建设，是打破信息孤岛，推动系统整合的重要内容，它的成功实施将为其他城市提供可借鉴的经验。平台的建设将进一步加快N市教育数字化转型的步伐，提升教育服务的质量和效率，同时也将为我国教育信息化建设提供宝贵的实践经验和数据支持。在未来，随着平台的不断完善和优化，相信能够更好地服务于教育领域的各个参与者，推动教育事业的持续发展与创新。新的综合平台将更好地服务于全市基础教育用户群体。鉴于用户基数庞大，我们有必要全面考量用户规模、业务总量、数据量、服务器承载能力、负载均衡机制以及资源的弹性伸缩等因素，以优化系统性能。此举旨在减少平台的负载负担，缩短用户操作的响应时间，从而提升用户的使用体验。系统整体应具备快速、高效、及时的信息交流及处理功能，能够应对持续的、高用户量的并发访问，确保能够适应未来业务发展的需求。

三、N市"互联网+教育"大平台的建设方案

（一）总体目标

"互联网+教育"大平台，不仅是数智时代潮流的需要，更是推动教育现代

化、实现教育高质量发展的必然选择,也是更好地实现教育资源的优化配置,更好地满足个性化、差异化的教育需求,更好地服务于教育的全过程管理,培养适应未来社会发展的人才的有力支撑。N市为贯彻落实教育部等六部委《关于推进"互联网+教育"发展的意见》[1],加快推进"互联网+教育"要求,与《教育信息化2.0行动计划》《N市城市运行"一网统管"工作三年行动计划》任务,紧密围绕立德树人根本任务,坚持信息技术与教育教学深度融合创新的核心理念,积极推进全市教育系统市级重要业务信息系统的国产化改造以及N市教育数据治理平台的建设,提升N市教育信息系统的安全性、可靠性,进一步完善教育资源公共服务体系的建设与应用,全面提升教育信息化水平。

(二)总体架构

"互联网+教育"大平台是一个为区域教育行政管理、学校管理以及师生提供全面信息化业务支持和服务的集成平台。它通过云计算、大数据、人工智能等技术,实现了教育资源的共享、业务流程的优化以及教育管理的智能化。"互联

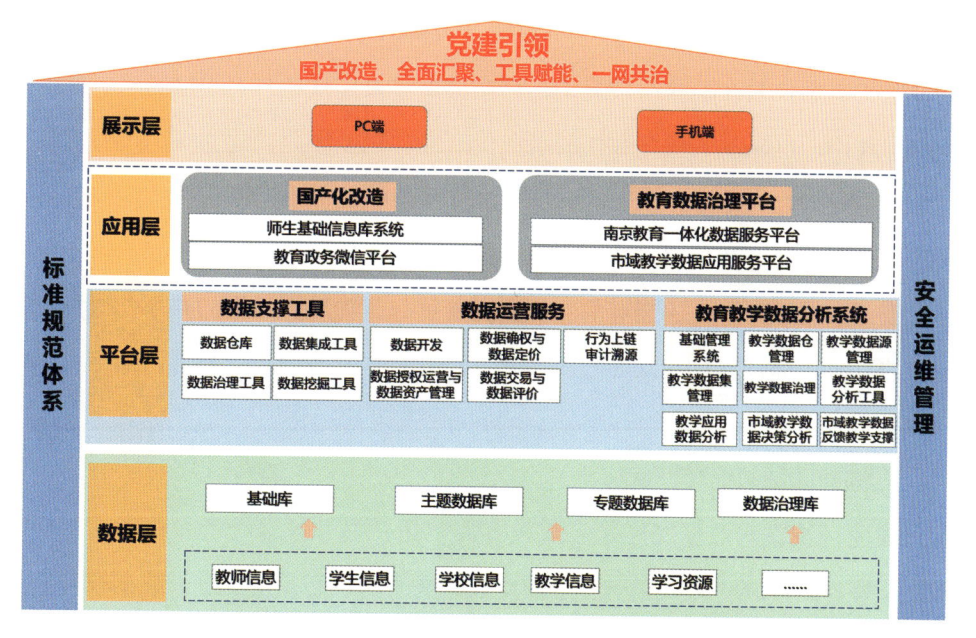

图 5-1 N 市 "互联网 + 教育" 大平台设计思路

---

[1]《关于推进"互联网+教育"发展的意见》为内部传阅、未公开的政策文件。

网+教育"大平台的建设需要考虑区域差异和教育特点,因此不同地区的平台建设需要有针对性地规划和实施。结合当前N市教育信息化建设现状,提出了基于大数据支持下的N市"互联网+教育"总体架构图(如图5-1所示)。

(三)建设重点

以六部委《关于推进"互联网+教育"发展的意见》文件精神和国产化替代政策为指导,N市区域"互联网+教育"大平台重点聚焦于完善教育资源公共服务体系的建设与应用,全面提升教育信息安全性和数字化水平。

1. 建立统一的数据标准

数据标准体系是保证数据一致性和可比性,确保不同系统间数据的无缝对接和信息共享的重要方式。区域数据治理需要建立一套完善的数据标准与规范,这不仅是教育信息化建设的关键步骤,而且是实现数据驱动教育改革的基石。

我国教育信息化建设已有近三十年,很多区域已有较好的智慧教育系统,已经覆盖多个业务领域,如在线教学平台、资源管理平台、信息化教学系统等。这些系统的建设不仅促进了教育资源的优化配置,同时也积累了大量的常态化数据,涵盖师生基础数据、学生学习数据、教师教学数据、课程实施数据等。然而,这些数据分散在不同的系统中,存在很多"数据孤岛",不仅影响了数据的整合和利用,也限制了教育数据的潜在价值最大化。因此,建立一套统一的数据标准体系显得尤为重要。统一的数据标准体系能够确保不同系统中的数据能够被正确地识别、交换和利用,从而实现"数入一库、数出一门"的目标。这不仅能够打破"数据孤岛",还能够消除"数据藩篱",为教育数据的共享和服务提供坚实的基础,提升教育数据的利用效率,促进教育资源的优化配置,最终实现教育的高质量发展。

2. 构建区域教育数据底座

构建区域教育数据底座是实现教育数字化、提升教育质量和效率的重要基础性工程。区域统一的数据中心是教育数据底座的核心,是提供大数据教育决策服务的主要支撑,是"互联网+教育"大平台的基础,目的是提供高效的数据存储和管理功能,与强大的数据处理和分析能力,以便从大量的数据中提取有价值的信息。

区域教育数据底座的建设，不仅涉及大量的技术和方法的应用，还包括了数据的整合、分析和应用等多个层面的工作。区域数据底座的建设需要对现有的教育数据资源进行全面的梳理和整合，需要以健全的数据治理体系为保障，需要考虑到数据的隐私保护和合规性问题，需要建立智能化的数据分析模型，对教育数据进行深入分析，以发现教育过程中的规律和问题，需要建立数据驱动的教育决策和评价体系。例如，教育数据分析服务能够对教育资源的共享和应用情况进行有效监管，从而改善教育资源分配不均的情况，促进教育资源的良性流动，为实现教育公平提供支持；教育数据分析监测与决策服务，可以持续提升教育教学态势感知、趋势智能预判、资源统筹调度等关键能力；态势感知分析，可以帮助教育管理者全面了解教育环境的现状，预测未来可能的变化趋势，从而做出更为科学的决策。总而言之，构建区域教育数据底座是一个系统工程，它不仅需要先进的技术支持，还需要配套的管理机制和应用体系。通过不断地探索和实践，通过数据要素资产的优化，通过大数据决策服务，不仅可以提升教育管理的效率和质量，还可以促进教育公平，优化教育资源配置，为建设教育强国提供坚实的资源保障和技术支撑。

3. 进行重点系统的国产化改造

平台、系统的国产化改造是减少对国外技术和产品的依赖，保障国家安全，推动国内信息技术产业发展和形成完整的产业链，提高国家自主创新能力，提升国际竞争力的重要举措。国资委下发的79号文件《关于开展对标世界一流企业价值创造行动的通知》[1]，明确要求所有国家企事业单位与政府部门在2027年底前完成OA、门户、邮箱、纪检、党群、档案、经营管理系统等的国产化替代。

我国教育数字化转型中，区域教育数字化建设需要积极响应国家国产化替代政策，推进信息技术应用创新（信创），以提高软件自主可控能力。区域教育系统要逐步实现重要业务信息系统的国产化，从而提升教育信息系统的安全性、可靠性和功能性。国产化替代政策的落实，不仅增强了教育信息系统的安全性，

---

[1] 国务院国资委.关于开展对标世界一流企业价值创造行动的通知[EB/OL].[2023-04-27].http://www.sasac.gov.cn/n2588020/n2588072/n2591064/n2591066/c27783654/content.html.

还通过自主研发和技术创新，提高了系统的稳定性和效率，提升了数据安全防护水平，为教育的数字化转型提供了坚实的技术基础，确保了师生个人信息的安全，为超大规模线上教育提供了稳定的网络支持和云计算能力，确保了教育服务的连续性和质量，为构建高质量的教育支撑体系做出了积极贡献。

4. 打造教育数据治理平台

数据治理是提升教育质量和效率的关键环节，基于互联网感知大数据构建的智能化大数据平台，是创新教育治理过程中的重要一环，是探索教育治理新模式的重要工具，将为区域教育治理所需大数据的采集分类、海量存储、挖掘分析提供有力的支撑[1]。在"互联网+教育"大平台中，数据治理的实践涉及多个方面，包括数据的收集、存储、管理、分析和利用等，以及教育管理、教师教学、学生学习等多个领域的数据挖掘与应用。

N市拟通过教育数据治理平台建设，精准定位学校的教学活动开展情况，以数据驱动学校教学，即老师的教和学生的学。具体目标如下：第一，将数据贯穿老师课前、课中和课后全流程，实现精准化备课和差异化教学，构建以学生为中心的教学模式。第二，收集和分析学生的学习数据，包括作业、测试成绩、课堂参与度等，为教师提供丰富的教学资源和工具，帮助教师更好地理解学生的学习需求和风格，使教师能够设计个性化的教学活动，及时调整教学策略，以适应学生的个别差异。第三，为学生提供个性化的学习路径和资源，通过智能推荐系统，根据学生的学习进度和理解能力，推送适宜的学习材料。这样不仅能够巩固学生的强项，还能加强他们的薄弱环节，实现个性化学习和辅导。第四，通过数据赋能师生全流程，在人机协同中实现减负增效。例如，AI助教可以协助教师完成一些重复性的工作，如作业批改和学习诊断，从而让教师有更多时间进行创造性的教学活动和与学生进行互动。最终，这种数据驱动的教学模式有助于提升全市整体的教学水平，实现教育公平，确保每个学生都能获得适合自己的教育资源和关注，从而发挥自己的最大潜能。

---

[1] 范炀,茆瀚月,李超,等.面向区域教育治理的智能化大数据平台研究[J].现代教育技术,2021,31(09):63-70.

四、N市"互联网+教育"大平台的建设内容

构建区域"互联网+教育"大平台的策略涉及多方面的考量，包括技术支撑、平台建设、用户需求、项目执行等[1]。N市"互联网+教育"大平台项目建设，具体包含N市教育师生基础信息库、N市教育政务微信平台、教育大数据调度平台、数字教育平台、教育综合管理平台、教学数据监测分析平台、教育一体化系统安全监控平台和IT服务运维管理平台等内容建设，主要从标准规范、数据底座、数据库、国产化改造等方面推进。

（一）标准规范建设

数据标准是指在"互联网+教育"大平台的建设和运营中，对数据的采集、存储、处理、应用等环节所制定的一系列统一规范和标准。这些标准规定了数据的命名、定义、格式、质量、元数据等要求，以确保数据的准确性、一致性和可互操作性。标准规范是提高数据质量、确保数据安全、促进数据共享和利用，以支持教育决策的基本保障。为了确保N市教育数据治理按照一定的质量标准和最佳实践进行实施、管理和交付，结合区域具体情况，参照根据《教育部机关及直属事业单位教育数据管理办法》《教育系统核心数据和重要数据识别认定工作指南》《中华人民共和国网络安全法》《中华人民共和国数据安全法》《中华人民共和国个人信息保护法》和《信息安全技术网络数据分类分级要求》等国家相关政策，N市制定了9大类规范，具体包含教育数据基础库实施规范、教育数据主题库实施规范、教育数据专题库实施规范、教育数据接口规范、教育数据共享交换规范、教育数据分级分类规范、师生基础信息数据标准、师生基础信息同步技术标准等。

（二）数据底座建设

数据底座（Data Foundation）是支撑数据管理和分析的基础架构和组件。强大的数据底座对于确保数据的可用性、可访问性、质量和安全性至关重要。N市

---

[1] 左明章,李莎莎,邓果.面向基础教育的区域教育信息公共云服务平台的构建[J].中小学信息技术教育,2013(Z1):92−95.

"互联网+教育"大平台的数据底座主要由数据支持工具、数据运营服务、教育与学习数据分析服务构成。

1. 数据支持工具

"互联网+教育"大平台的数据工具主要包含：（1）数据仓库，主要支持数据集成与清洗、数据存储与索引、数据分析与报告等功能。（2）数据集成工具，主要支持多数据源管理、数据抽取、转换管理、作业管理等功能。（3）数据治理工具，主要支持数据总览、元数据管理、数据标准、数据地图、数据探查、数据清洗、数据质量、数据模型等功能。（4）数据挖掘工具，主要支持工作节点、工作流、工作流调度、运维管控等功能。

2. 数据治理服务

数据治理服务是指基于大平台对教育数据资产进行全面规划、监督和控制的过程，旨在确保数据在其整个生命周期中维持高质量、合法性、安全性和可用性，并通过政策、程序和控制措施优化数据管理和使用，确保数据在正确的时间、地点，以正确的方式被使用，支持业务目标和战略决策。提升数据质量、保护数据安全、增强数据合规性、提升数据价值，通过数据分析和挖掘创造新的教育价值是区域数据治理服务的重要目标。区域教育数据治理服务具体包含以下几方面：

（1）数据运营服务。主要包含开发、确权定价、审计溯源、数据资产等具体服务。

（2）数据开发服务。主要包括数据归集服务、数据预处理服务、数据治理服务、数据质量规则配置服务、数据质量监控服务、质量评估服务、数据融合服务、数据比对服务、接口开发服务等。

（3）数据确权与数据定价。数据确权旨在明确数据的权属、使用和管理方式，确保数据的合法性和透明度。数据定价旨在确定数据的市场价值和定价策略，使数据能够带来商业收益。主要功能包括数据所有权管理、数据使用规则定义与管理、数据访问管理、数据定价策略制定、数据价格管理、数据收益分配等。

（4）行为上链审计溯源。基于区块链技术，记录和追踪特定行为和操作的过程和结果。它可以提供数据的不可篡改性和透明性，以确保数据的可信度和可靠性。行为上链审计溯源的主要功能包括数据上链记录、共识机制、数据溯源、审计和验证机制、实时监控和预警、隐私保护、数据可视化和报告、数据共享和交流等。

（5）数据授权运营与数据资产管理。具体包括授权策略制定、授权许可管理、授权访问及限制、授权监测与追踪、授权合规性评估、授权风险管理、数据资产统一管理、数据资产价值评估、数据资产分类管理、数据资产安全管理等功能。

（6）数据交易与数据评价。包括数据质量管理、交易准入门槛、交易撮合和执行、数据交易监管、数据交易结算、数据的盈利分析、数据验证和评估、数据价值评估、数据质量评估、数据监管和审计等功能。

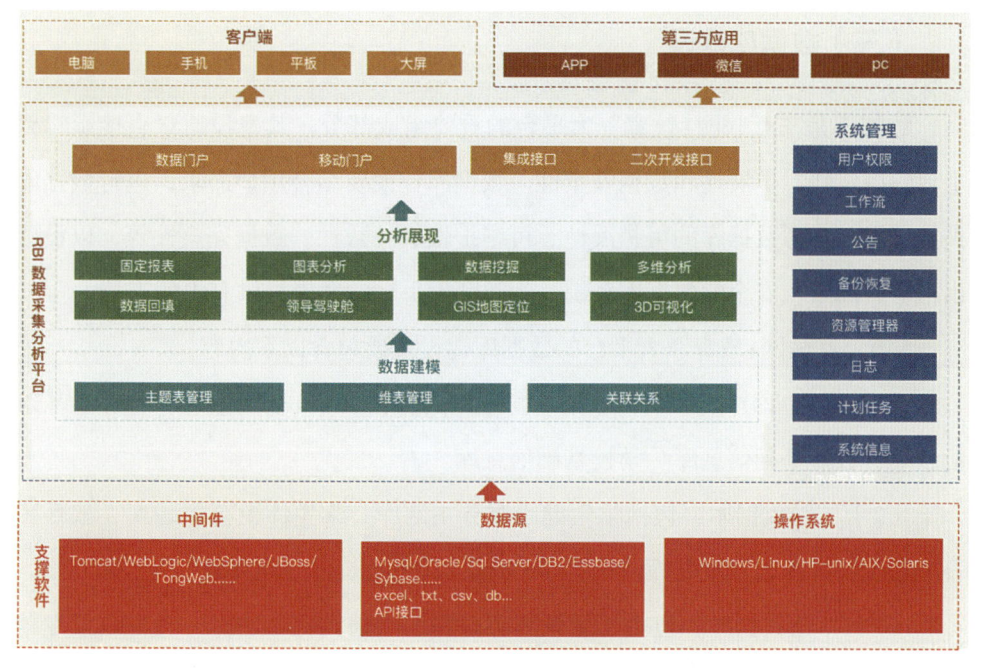

3. 教育教学数据分析服务

教育教学数据分析服务是区域教育数据平台所提供的核心教育服务，是一种利用大数据技术和分析工具来优化教育过程和提高教学质量的服务。教育教学数据分析服务，旨在通过科学的方法提升教育的个性化、效率和效果，同时为教育决策提供数据支持，推动教育的创新和发展。

从技术实现路径来看，如图5-2所示，大平台中的教育教学数据分析服务系

图 5-2 教育教学数据分析服务系统

统提供丰富的数据源接入、数据处理整合、图形化的数据建模、数据分析方式，可进行数据采集、数据处理、数据分析，通过本地部署和云端部署的方式，既能满足用户，也能满足具有开发能力的个人用户的需求。教育教学数据分析服务系统包括基础管理系统、教学数据仓管理、教学数据源管理、教学数据集管理、教学数据治理、教学数据分析工具、教学应用数据分析、市域教学数据决策分析、市域教学数据反馈教学支撑9项功能。

基于上述功能，教育教学数据分析服务系统可以为区域学校与师生提供：（1）个性化教学支持，通过分析学生的学习行为和表现，帮助教师了解学生的优势和不足，从而提供个性化的教学支持和指导。（2）教学质量评估，评估教学质量和效果，发现教学过程中的问题和瓶颈，及时进行改进。（3）教育政策制定支持，通过对大量教育数据的分析，为教育政策的制定提供科学依据，促进教育教学质量的提升。（4）预测性分析，预测学生的成绩和学习趋势，为教育管理提供提前干预的可能性。（5）教育数据挖掘与学习分析，通过教育数据挖掘（EDM）发现学生学习结果与教学变量的关系，应用这些规律来指导学习，优化教学设计，帮助教师优化教学目标设定，设计个性化教学方案，提高教学的针对性和效果。

（三）数据库建设

数据库是"互联网+教育"大平台的重要组成部分，其建设质量直接影响到平台的稳定性、扩展性和数据安全性。数据库建设要结合用户需求，进行数据库类型选择，考虑数据库的可扩展性、可维护性、一致性、数据完整性等，以设计出稳定、高效、安全的数据库系统，为教育大平台的发展提供有力的支持。

N市"互联网+教育"大平台的数据库建设主要包含以下内容：

（1）基础库建设。具体包括招生基础信息库、人员基础信息库、师生基础信息库、教师基础信息库、学校基础信息库。

（2）主题数据库。包括学生健康服务主题库、学生体卫艺主题库、教育装备主题库、特殊教育主题库。

（3）专题数据库。包括智慧校园专题库、学前教育专题库、教育政策专题库、教务信息专题库。

（4）数据治理库。包括归集库、清洗库、指标库、模型库、共享库。

（5）教学专题数据库。该库不同于教育行政管理等阶段性更新的数据，教学数据是在各种教学场景下，教师、学生、教育管理者等不同身份的用户，在各类教学应用中实时产生的海量数据。由于教学数据的特殊性，在本项目中，针对N市已存在的教学应用类型，将教学专题数据库分为教学资源专题数据库、学习资源专题数据库、教师教学活动数据库、学生学习活动数据库、作业（成绩）数据库。

（四）软硬件国产化改造

我国启动的"信息技术应用创新计划"是一项重要的国家战略，旨在通过推广自主可控的信息技术，减少对外国技术的依赖，加强本土信息技术的研发和应用，从而确保国家信息安全和经济发展的独立性，提升国家信息安全的保障能力，加强综合国力。教育是我国信创计划的重要领域，推动国产技术的应用是推进N市"互联网+教育"大平台的基本原则，重点从操作系统、平台与数据库三方面实现国产化改造。

操作系统采用N市政务云的麒麟或统信国产操作系统。数据库系统则主要选择海量、达梦、人大金仓等国产数据库品牌。在中间件建设上，可以使用开源免费的中间件产品，消息队列使用阿里RocketMQ消息队列中间件，高速缓存使用奇虎360的pika缓存中间件。教育系统目前统一身份认证平台、师生基础库平台系统采用微软.NET Framework 4.8，开发语言为C#，数据库使用微软SQL Server 2018，部署到微软Windows系列操作系统上，不支持国产操作系统。对N市教育师生基础信息库、教育政务微信平台等大平台主要模块的国产化改造是重要建设内容。在师生基础信息库建设上，开发及运行环境计划选择.NET Core 6.0以上，开发语言为C#，采用轻量级框架Furion、国产ORM框架SqlSugar。

五、N市"互联网+教育"大平台的国产化改造

（一）区域教育师生基础信息库改造

教育师生基础信息库是为了更好地服务于教育系统的日常运作，提高教育质量和管理效率[1]，是实现各应用系统之间数据互通、资源共享，解决"信息孤岛"，实现异构系统之间、新老系统之间的信息透明交换，并保持数据的同步性和一致性的基础。

1. 师生基础信息库功能模块改造

功能模块改造主要包括后台管理、WebApi数据获取、数据同步、数据变更接口、后台自动任务等功能。后台管理具体包括教师管理、学生管理、学校管理、转校管理、数据管理、平台管理、系统管理、日志管理。WebApi数据获取涉及教师、学生、班级、单位、任教关系、家长信息、多单位信息、管理员数据信息，涉及接口数量大概50个。数据同步主要实现市、区、校三级平台的数据同步，涉及教师、学生、班级、学校、任教、家长、用户、权限等同步接口20几个。数据变更接口主要包括学校、教师、学生，以及班级的创建、编辑、删除，教师转校、学生转校等20个接口。后台自动任务主要包括创建家长账户、导入教师任课、导入教师信息、导入学生信息等服务。

2. 基础数据库的数据迁移

数据迁移是我们进行数据平台国产化改造必须完成的重要工作。在进行基础数据库的数据迁移时，关键是确保数据的完整性、准确性和可用性。这不仅要求技术上的精确操作，还需要对业务流程和数据特点有深入的理解。数据迁移具体从准备工作、数据转换、迁移实施和后续的验证与优化等方面开展。

（1）数据迁移工作的准备。首先，确定迁移的目标和需求。制定详尽的迁移计划，包括时间表、资源分配和风险管理。其次，备份数据。迁移前，必须对现有的数据库进行完整备份，避免数据丢失。再次，环境准备。确保目标数据库环境的准备工作已完成，包括硬件、软件的安装和配置。最后，数据迁移工具的

---

[1] 鲁浩博,莫宏伟.基础教育校园网教育信息资源库研究[J].中国教育技术装备,2017(20):8-10+13.

选择。根据源数据库和目标数据库的类型，选择合适的数据迁移工具和方法。

（2）实施数据转换。首先，完成数据类型与结构调整。根据目标数据库的要求，对源数据库的数据类型和结构进行必要的转换。对于不同数据库之间类型的不兼容问题，需要通过转换规则来实现兼容。其次，确定数据映射与转换规则。定义数据映射规则，包括字段对应、数据格式转换和特殊逻辑的处理，利用元数据驱动的转换规则，以确保数据在迁移过程中的一致性和准确性。

（3）进行数据迁移实施。首先，提取和传输数据。使用选定的工具从源数据库提取数据，对数据进行必要的转换处理后，传输到目标数据库。其次，建表与数据加载。在目标数据库上创建相应的表结构，将数据加载到新建立的表中。

（4）数据迁移后的验证与优化。首先，完成数据验证。对迁移的数据进行核对，包括完整性检查和正确性比对，进行数据完整性检查和性能测试。其次，系统测试。进行系统集成测试，确保新系统的整体功能和性能符合要求。根据测试结果，进行调优和调整。再次，与业务部门合作，确保所有关键的业务流程和系统功能通过用户验收测试。最后，新旧两套系统同步运行一阶段，以确保数据迁移完成后，当发现数据有问题时，可通过老系统配合及时进行处理，确保业务不断线。

（5）文档编制和知识转移。编制详细的迁移文档，如操作手册、操作指南和维护手册。对相关人员进行知识转移和培训，确保他们能够熟练使用新系统。

（二）区域教育政务微信平台改造

教育政务微信平台是各级教育系统利用微信这一新媒体平台，进行政务活动、提供在线教育公共事务服务，与家长、师生互动交流，开展网络问政的平台，是完善与公众对话沟通机制，创新教育公共服务模式，提升教育服务效能和水平的重要方式，是提高教育信息化水平和服务质量的重要支撑。教育政务微信平台的升级改造是构建N市"互联网+教育"大平台的关键。

1. 功能模块重构

根据国产化部署环境和中间件适配的建设要求，N市对相关模块进行系统重构，以及国产化适配和系统升级，主要包括组织和系统管理中心、应用中心、志愿者联盟系统、传染病上报系统、研修平台。

2.政府微信平台数据迁移

第一步，对当前教育政务微信平台的数据库环境进行全面的评估，包括各个业务的数据量、数据类型、数据结构等各个方面。要明确数据迁移的目标，确保迁移后的数据库性能要求、数据安全要求等。第二步，根据评估结果和迁移目标，选择适合的数据库迁移工具。这个工具应该能够支持从现有数据库到目标国产化数据库的迁移。第三步，设计详细的数据迁移方案，包括迁移时间、迁移步骤、应急回滚计划等。然后，按照迁移方案实施数据迁移。第四步，根据数据迁徙计划，开始迁移数据。包括导出现有数据库的数据、转换数据格式（如果需要）、导入到目标数据库等步骤。在迁徙过程中，需要确保数据的完整性和准确性。第五步，迁移完成后，要对迁移后的数据进行全面的验证，确保数据的完整性和准确性。同时，要进行性能测试和安全测试，确保迁移后的数据库能够满足业务要求。第六步，系统切换。在验证和测试通过后，进行数据库切换，将业务系统连接到新的国产化数据库，然后完成清理旧数据库、文档整理等善后工作。

3.数据迁移的原则

保障数据安全性，要确保在迁移过程中，数据不被泄露或损坏；确保业务连续性，尽可能减少迁移对线上教育政务业务的影响；确保迁移过程中，教育政务的相关业务能够正常运行；确保新的国产化数据库能够与现有的应用系统兼容，避免出现因数据库更换而导致的业务中断或故障。

（三）区域教育一体化数据服务平台改造

教育数据服务模块是"互联网+教育"大平台的重要组成部分，它利用大数据、云计算等技术，进行数据整合与分析，提供智能教育决策支持与个性化服务，以提升教育质量，优化资源分配。平台建设是一个持续的过程，需要根据用户反馈和技术发展不断进行迭代和优化，教育数据服务平台需要根据区域教育数字化发展需求，不断进行升级改造。

1.数据服务平台的结构性改造

平台框架由前台和后台组成。前台即为应用平台，根据用户所分配的权限可以拥有驾驶舱、分析报告等若干个应用，可以设置导航栏应用的显示与隐藏，可以手动切换到教育大数据平台。后台即为控制中心，是应用的管理后台，由若干个应用组成，可以设置顶部导航栏应用的显示与隐藏，控制中心默认包含权限管理，通过不同的权限设置，可以灵活地配置若干个应用及其后台管理，完成上层应用与教育大数据的灵活切换，以方便用户管理应用与使用应用。改造的目的一是提高平台的灵活性，实现应用可拆卸可拼装，更大程度上满足用户的使用需求；二是改进平台的交互设计，让用户更方便、更有效率地去完成自己的目标，提高用户体验。

2. 平台功能模块的完善

N市结合区域最新发展需求，完善数据服务平台所提供的服务类型。具体如下：

教育政务数据共享模块，包括资源检索、资源申请、共享首页、资源目录等功能。

教育政务数据开放模块，包括开发首页、开放目录、开放指数、个人中心等功能。

教育数据平台工具，包括可视化工具、物联感知工具、数据集成、数据开发、数据治理、GIS工具、数据资产管理、微服务管理平台、接口服务等功能。

教育IT服务运维管理模块，包括服务台、资产与台账管理、工单管理、值班管理、流程管理、巡检管理、报表中心、网络安全等功能。目录管理模块，包括编码系统、目录管理平台、目录服务系统。

教育一体化安全监控模块，保障教育系统运行安全和数据保密性，通过建立整体架构设计、关键功能实现、数据安全管理和系统运维与更新等方面的措施，实现实时监测和响应安全事件、保障用户身份认证和访问控制、加密数据和保护隐私、记录安全事件日志和审计、提供应急响应和恢复，从而保障教育一体化系统的运行安全和数据保密性。

教育综合管理模块，包括课程巡课系统、子女教育等。

教育数据安全模块，包括教育数据安全、数据库防火墙、数据库防水坝、数据脱敏、数据水印溯源、诺亚防勒索、敏感数据动态脱敏、数据库审计等。

态势感知模块，包括分层检测、日志告警、事件告警、威胁专项分析、异常行为分析。

（四）区域教学数据应用服务平台

教学数据应用服务功能是数据应用服务平台的核心，希望通过"全面、连续、动态"地采集各类教育业务数据，既可以实现宏观数据的分析，解决教育决策问题，亦可实现微观海量数据的分析，精准分析"市域教学画像、学校画像、教师画像与学生画像"等，并依据教学数据关联性，向教师、学生、教学管理者提供教学应用推荐，实现教学工具、学习工具、教学资源、学习资源利用最大化，实现教与学的能力提升。

1. 市域教学画像

市一级的教学画像是对市域内教学活动进行全面的数据采集、分析和整合，构建市域教学数据驾驶舱，通过大数据分析模型提供市对区、对学校的管理决策支持，将关键指标以可视化大屏的形式展示，市局领导可针对师资和学生进行数据分析，实现区域宏观管理。基于教学画像可以提供以下教学数据服务：

师资分析，分析教师教学情况、师资结构、师资配比等；学生分析，分析学生生源质量、学生行为偏好、毕业生流向、升学率变化趋势等；教学资源分析，分析教学资源建设质量、教学资源使用情况、教学资源贡献度、教学资源均衡性等。

2. 学校画像

以学校为单位对教学数据进行多维度采集分析，包括线上学习平台数据、线下课堂数据、学校业务系统数据等，从多方面对教学过程进行数据分析，数据化教学过程，让原本不可量化的教学过程变成以数据形式呈现，并基于这些数据源，通过大数据平台，针对校园不同的服务对象进行有针对性的业务模块开发。

在领导决策端，教学大数据分析帮助领导更好地了解教学过程数据变化，完善质量监控体系，在变动的教育数据和复杂的关联中提高教育决策的科学性与评教的客观性。在教师端，通过教学大数据，可以了解、分析、评估教师教学效果，促进教与学的有效性和创新性，借助教学模式创新、个性化教学等的智慧，助力"智慧教学"。在学生端，通过教学大数据分析，为学生量身推荐学习计划、资源和反馈，实现"因材施教"，促进有效学习的达成，为个性化教学指明方向。

3. 教师画像

教师大数据画像通过采集教师的基础信息、教学信息、教研信息、薪资收入、荣誉获奖等数据，生成教师的综合数据画像，并构建教师的个人成长档案。分析全市及学校师资的水平，形成横向对比，发现师资结构缺陷等，并提供师资培训等决策建议。

4. 学生画像

大数据能对学生的发展进行多元评估，发现学业成绩背后的原因，能够让教师更全面地看待学生的发展，帮助学生弥补能力上的不足。大数据能实现全过程性评估，发现学生的常态，改造课堂的流程，对学生的发展提出建议。大数据能实现对学生的日常综合评估，了解掌握学生课外学习的轨迹，根据这些轨迹积累寻找发现每个孩子，并有针对性地提出相关措施建议，真正做到因材施教。汇聚学生的成绩、运动、作息、综合素质、阅读、交友、荣誉等数据，自动生成学生成长画像，从学生的个性特征、个人特长、身心发展等方面生成画像报告，从宏观和微观层面立体地展现学生个体特征，有利于精准施教、因材施教。

六、N市"互联网+教育"大平台的经济和社会效益分析

经济效益通常指的是平台在运营过程中产生的直接或间接的经济收益，包括但不限于服务费用、广告收入，以及提供的有偿服务收入等。教育效益则聚焦于平台在提高教育质量、扩大教育资源和服务覆盖面方面所带来的效果。社会效益则更广泛，包括对提升公众教育水平、改善社会文化氛围、促进社会公平等方面的贡献。

（一）经济效益分析

教育是经济增长的助推器，教育事业的发展对经济增长具有重要的作用[1]。"互联网+教育"大平台的经济效益的提升通常来自成本的降低和效率的提升，这两者是评估"互联网+教育"大平台经济效益的关键指标。

---

[1] 吴玉鸣,李建霞.我国区域教育竞争力的实证研究[J].教育与经济,2002(03):15-19.

1. 降低IT成本

通过采用国产化操作系统、数据库和中间件，可以大幅降低N市教育信息系统的IT成本。国产化软件的价格通常比国外同类产品低，同时由于更适应国内市场和用户需求，可以减少定制化开发、技术咨询等费用。

2. 降低教育成本

传统的教育模式需要大量的人力和物力投入，而利用互联网和大数据技术，可以实现教育资源的共享和线上教学，降低了教育的成本。学生和家长也可以更加灵活地选择适合自己的学习方式和学习时间，减少了学习的经济负担。

3. 优化资源配置

智慧教育平台的应用，可以有效地对海量教育资源数据库、应用服务及各类优秀的教育资源进行有效整合，通过对这些优质资源服务的管理和整合，最终形成对教育的综合效用[1]。通过大数据分析，可以了解不同地区和学校的教育需求和资源供给，实现优化资源的配置。教育机构可以更加合理地进行规划和布局，提高资源利用效率，减少教育资源的浪费。

（二）社会效益分析

1. 提高信息安全性

通过应用国产化解决方案，系统的安全性和保密性将得到大大提高。由于国内市场对数据安全的要求越来越高，因此国产化支撑平台通常会更加注重数据的安全性和保密性，能够更好地保障用户数据的安全，减少信息安全风险。

2. 促进教育公平

教育数据治理平台可以让优质教育资源得到更广泛的传播，使更多地区的学生能够接触到优质教育资源。通过在线教育平台，学生可以获得与发达地区学生同等的教育机会，从而缩小教育差距，促进教育公平。

3. 提高教育质量

在线教育平台可以提供丰富的学习资源，包括课程、讲座、互动讨论等。

---

[1] 李洪恺,陈科颖,毛俪霏.建设智慧教育云平台助力蓉江教育治理现代化——赣州蓉江新区智慧教育实践与应用[J].中国新通信,2023,25(02):107-109.

学生可以根据自己的需求和兴趣选择适合自己的学习内容,从而提高学习效果。同时,在线教育平台可以实时监控学生的学习进度,为学生提供个性化的学习建议,从而提高教育质量。

第六章
N市教育数据治理制度规范体系的建设

教育数据治理的发展必须以基础的教育数据标准、规范等为依托。早在2012年《教育信息化十年发展规划》中就提出推进教育信息化能力体系建设，制订教育数据标准，规范教育数据采集与管理流程，建立以各级各类学校和师生为对象的国家教育管理基础数据库，规范教育数据采集、存储、处理、使用、共享等全生命周期，实现教育基础数据的"伴随式收集"，推进系统整合与教育数据共享。近十多年来，针对教育数据治理中的标准与规范等问题，国家出台了《中华人民共和国数据安全法》《教育基础数据》《教育系统人员基础数据》《中小学校基础数据》《教育部机关及直属事业单位教育数据管理办法》《教育系统核心数据和重要数据识别认定工作指南（试行）》等系列政策、规范。很多省、市结合本地数据治理现状与需求，从更好地服务教育改革发展出发，依托国家规范，出台区域教育数据治理制度规范体系。

一、区域教育数据治理制度体系的构建策略

（一）区域教育数据治理的内涵与目标

区域教育数据治理是针对特定区域内的教育数据进行系统性管理和管理策略的制定与执行的过程，是在地方政府的主导下，通过跨部门合作与信息共享，实现区域教育资源的综合协调与优化配置的一种治理形式。其内涵主要包括数据的标准化、规范化、协调性、透明性和安全性。

1.区域教育数据治理的内涵

其一，区域教育数据治理要求对教育领域内的数据进行标准化处理，确保

不同系统、不同来源的教育数据能够有效对接和共享。这需要建立一套全面的教育数据标准，包括数据的分类、定义、格式和使用规则等。

其二，规范化是区域教育数据治理的重要组成部分，它涉及数据的采集、存储、处理和使用全过程的规范操作。规范化的执行保证了数据的质量和可用性，同时也为数据的安全性提供了保障。在规范化的过程中，还需要考虑到数据的安全保护，防止数据泄露或被非法使用。

其三，协调性是指区域内不同教育管理部门、学校和教育参与者之间在数据管理方面的协同工作。通过建立相应的管理体系和协调机制，可以有效地解决数据孤岛问题，促进信息的流畅交换，增强决策的科学性和有效性。

其四，透明性则要求区域教育数据治理的各个环节和成效都要有良好的信息披露机制，以保证教育数据的使用过程和结果是开放和透明的。这有助于增强公众对数据治理工作的理解和信任，同时也为监督和评价提供了便利。

其五，安全性是保障教育数据在管理过程中不被破坏或泄露的重要保障，包括对数据的保护措施，如物理安全、网络安全和个人隐私保护等。

区域教育数据治理的目的在于通过标准化、规范化、协调性、透明性和安全性的实施，优化区域内的教育资源配置，提升教育决策的科学性，增强教育管理的有效性，最终促进区域教育的均衡发展和持续改进。

2. 区域教育数据治理的目标

区域教育数据治理的目标主要有：建立和完善区域教育数据标准与规范，为数据采集、存储、处理和使用提供统一的标准；强化数据整合与共享机制，打破信息孤岛，建立跨部门、跨系统的数据共享平台；构建数据安全与隐私保护机制，确保数据在整个生命周期中的安全；提升数据质量与管理水平，建立数据质量控制体系和数据生命周期管理流程；发展数据分析能力，建立数据分析模型，为教育决策和管理提供数据支持。

总之，区域教育数据治理是一个系统工程，需要多方参与、多学科合作，以及持续的政策支持和技术创新。未来的研究方向应聚焦于数据治理的实践探索、技术支持和政策引导，以实现区域教育数据治理的目标，促进教育信息化和现代化的深入发展。

（二）区域教育数据治理的实施策略

区域教育数据治理的实施策略需要全面考虑制度建设、组织架构、技术支持、数据应用和数据安全等多方面因素，构建全面、高效、可持续的教育数据治理体系，以此有力推动区域内教育数据资源的整合与利用，支持教育决策的数据依赖，提升教育信息化的整体水平，最终促进教育的公平与优质发展。

其一，区域教育数据的治理需要以制度和规范为基础，确保数据治理的标准化和规范化。包括建立和完善相关的政策、法规和技术标准，以及对标准化工作的持续推进[1]。此外，还需要对数据的全生命周期进行管理，包括采集、存储、处理、使用和共享等环节，确保数据的质量、安全性和可用性。

其二，组织架构的建设是实施区域教育数据治理的关键。需要按照"教育数据治理委员会"和"教育数据治理小组"的组织框架，明确各个角色和职责。委员会和小组的成立需要明确各自的功能定位和工作职责，同时确保组织内部的有效沟通和高效合作[2]。

其三，实施策略中应注重数据治理的组织协调和技术支持。考虑到教育数据处理的复杂性和技术要求，必须有专业人员和技术团队来执行具体的操作和维护工作，为各个教育主体提供技术指导和业务支持，确保数据治理工作的顺利开展[3]。

其四，需要关注数据的实际应用价值，将数据治理的成果转化为提升教育质量和服务质量的实际成效。需要建立健全的数据应用机制，加强数据分析和挖掘，为决策提供科学的数据支持。

其五，重视数据的安全性和隐私保护。在《中华人民共和国数据安全法》的基础上，制定具体的数据安全管理措施，保护学生个人信息和教育机构的敏感数据。

---

[1] 任苗苗,马燕,李明勇."智能+教育"变革中教育数据治理的价值与路径[J].基础教育,2021,18(01):104-112.

[2] 李青,韩俊红.数据治理:提升教育数据质量的方法和途径[J].中国远程教育,2018(08):45-53+80.

[3] 李晓兰.教育数据治理体系及运行机制研究[J].大众标准化,2023(08):175-177.

（三）区域教育数据治理的流程与规范

1. 区域教育数据治理的流程设计

在大数据时代背景下，区域教育数据治理的流程设计是实现数据资源的有效管理和利用的关键环节。构建一套科学、高效、可操作的区域教育数据治理流程，是实现区域教育数据治理的关键。

首先，明确区域教育数据治理的目标。可以从三个层面来构建目标：基本目标是实现数据的自由流动和有效流通，为上层目标打好基础；中间目标是通过数据资源的重新配置优化组织结构，推动管理变革；终极目标是在此基础上，通过价值共创，形成一个数据利他生态，最大化数据的社会价值和经济价值。

其次，明确数据治理的组织架构。应组建由领导和管理层构成的数据治理委员会[1]，负责制定和更新相关的规章制度，并审批数据治理的相关标准和业务指南。同时，应建立专门的业务小组，包括数据系统管理员、系统开发和维护人员、业务专家和数据分析员等角色，负责具体的数据治理工作。

再次，设计数据治理的流程。流程设计应遵循"标准化、规范化、系统化"的原则。标准化是指在进行数据治理的过程中，应建立统一的数据标准和规范，确保数据收集、存储、处理、使用、共享的一致性和准确性。规范化则要求在整个数据治理过程中，每个环节都要有明确、可执行的操作规范。系统化则是要求建立起覆盖数据全生命周期的管理体系，包括数据的采集、存储、处理、使用、共享、销毁等环节。

最后，建立持续的监督和评价机制。定期对数据治理流程进行审查和优化，确保其始终符合教育发展的需要和数据治理的最佳实践。通过不断地迭代和完善，构建一个持续进步、适应性强的区域教育数据治理体系，为我国教育的现代化建设提供有力支撑。

2. 区域教育数据治理的规范制定与实施

区域教育数据治理的规范制定与实施是一个系统性的工作，它不仅涉及数据的标准化和规范化，还包括了数据治理的流程设计、组织机构建设、人员培

---

[1] 章璐,许啸,侯元东,李宁宇,王佑镁.基于组合赋权法的区域教育数据治理体系构成要素研究[J].电化教育研究,2023,44(02):72-78.

训、技术支持等多个方面。

首先，区域教育数据治理的规范制定需要基于对现有教育数据管理现状的全面评估。包括了解现有的数据收集、存储、处理、使用和共享的流程，识别存在的问题和挑战，以及与国家标准和行业最佳实践的对比。在此基础上，教育数据治理需要制定一套适合本区域特色的规范和流程，以解决现有系统的短板，并为未来可能出现的新需求留出扩展空间。

其次，规范的制定过程需要多方参与，其中涉及教育管理者、技术专家、业务部门代表，以及最终的数据用户。通过组织多轮讨论和咨询，可以确保规范的全面性和实用性。在制定过程中，应特别注重数据的安全性、隐私保护，以及数据质量的控制。

再次，规范的实施需要建立起一套完整的管理体系，包括但不限于组织架构的建立、相关人员的培训，以及技术系统的升级。组织架构的建立需要设立数据治理委员会及其执行机构，明确各自的职责与权限，并设立具体的工作流程和监督机制。相关人员的培训则是为了确保每一位参与者都能理解和掌握新规范，以及在实际工作中能够正确应用。技术系统的升级则是为了确保技术支持能够满足新规范的要求，包括数据收集、存储、处理、使用和共享等各个环节。

最后，规范的实施效果需要通过持续的监督和评估来加以保障。包括对数据质量、使用合规性、安全性的定期检查，以及对规范执行的反馈和改进。通过这样的动态调整机制，可以确保区域内教育数据治理的持续改进和发展。

二、《N市教育数据管理办法》

为了加强教育数据的管理工作，推进教育数据的规范管理、互联互通和共享公开，确保数据安全，更好地服务教育改革发展，明确教育数据的采集、储存、共享、公开和安全管理等环节的具体要求，以及相关的责任主体和管理程序，N市参照教育部办公厅于2018年制定的《教育部机关及直属事业单位教育数据管理办法》（教发厅〔2018〕1号）制定了《N市教育数据管理办法》（以下简称"管理办法"），主要内容如下：

（一）明确教育数据管理对象与原则

1. 明确教育数据管理对象

区域所管理的教育数据，是指N市教育局各处室（单位）在依法履行职责以及提供公共服务的过程中获取或生成的任何以电子或者其他方式对信息的记录。包含法定统计数据、行政记录数据和个人信息等。

法定统计数据是指按照《中华人民共和国统计法》的有关规定，通过国家统计局审批备案的统计调查制度采集的数据，法定统计数据为标准时点或时段的静态数据或累计数据。行政记录数据是指政务业务管理信息系统在履行行政管理职责过程中形成的数据资源，行政记录数据主要为动态数据。个人信息是指以电子或其他方式记录的与已识别或可识别的自然人有关的各种信息，不包括匿名化处理后的。"管理办法"明确了教育数据处理活动，主要包括数据的收集、存储、使用、加工、传输、提供、公开、销毁等。

2. 提出教育数据管理原则

（1）统一领导，各司其职。教育数据工作接受N市教育网络安全和信息化领导小组统一领导，由各处室（单位）分头实施。按照"谁管业务、谁管数据、谁管数据安全"和"谁主管谁负责、谁运营谁负责、谁使用谁负责"等基本原则划分责任。

（2）最小必要，一数一源。在满足管理要求的前提下，数据仅限定为业务开展必需的范围，如数据收集遵循"最少够用"，数据存储遵循"最短周期"，数据使用遵循"最小授权"，数据共享鼓励"用而不存"。一类数据原则上只有一个数据源，以避免数据重复收集造成的数据冗余、资源浪费以及不一致问题。

（3）集中管理，分类分级。教育基础数据原则上应归集至统一的数据中台管理系统和基础数据库进行管理、保护和应用。按照分类分级的方法加强数据保护，针对不同类型和级别的数据采取不同的管控措施。

（4）坚持发展，安全应用。统筹教育数据发展和安全，坚持以数据开发利用促进数据安全，以数据安全保障数据开发利用。在确保安全的前提下，数据以共享为原则，不共享为例外。数据共享、开放以及跨主体流动等活动应严格履行审批流程。

（二）建立教育数据管理组织体系

1. 明确教育数据归属教育局

教育数据作为教育变革发展的核心要素，其所有权归属市教育局，以确保数据的集中管理与高效利用。其所辖各职能部门及单位依据其特定的工作职责，积极参与并协同推进教育数据的相关活动，共同致力于构建一个完善的区域教育数据生态系统。在区域教育数据治理推进中，需要明确界定以下关键角色及其职责：

教育数据领导机构：负责教育数据战略方向的制定与宏观指导，确保数据工作的政策性与方向性。

教育数据主管单位：作为区域教育数据管理的核心部门，负责数据的统筹协调、规划实施与监督评估，确保数据资源的合理配置与有效利用。

教育数据运行技术支撑单位：提供专业的技术支持与服务，保障数据系统的稳定运行与持续优化，为数据活动提供坚实的技术后盾。

教育数据使用单位：根据业务需求合理申请并使用教育数据，通过数据分析与挖掘，提升决策科学性与工作效率。

法定统计教育数据主管部门：负责法定统计数据的收集、整理与上报，确保数据的准确性与合规性，满足国家统计工作的要求。

教育数据安全职能部门：专注于数据的安全防护与隐私保护，制定并执行严格的数据安全政策与措施，为数据工作提供安全保障。

2. 确定教育数据管理机构

"管理办法"规定了N市教育网络安全和信息化领导小组是教育数据管理工作领导机构，主要负责贯彻落实党和国家关于数据工作的重要指示精神和决策部署，全面统筹推进数字政府建设、数据治理和数据安全保护等工作。包括建立工作机制、明确工作机构、研究重大政策、解决重要问题，把数据工作纳入议事日程，确定数据工作的年度目标、工作任务和基本要求，在人力、财力、物力等方面提供支持和保障。

数据安全职能部门应当编制教育数据发展规划，明确教育数据发展目标、重点任务、重大工程、保障措施等，报市教育网络安全和信息化领导小组批准后公布实施。数据安全职能部门应当依法建立健全信息化项目立项审批、开发运用、资金管理、绩效评价、安全保障等管理制度，推动全市教育数据的汇聚、整合和应用发展。数据安全职能部门应当以全市统一身份认证体系为基础平台，通过数字认证、生物识别、区块链技术等方式，为线上线下一体化服务提供多源实名认证。数据安全职能部门应当借鉴国际标准，根据国家标准和行业标准，制定教育数据采集、归集、整合、共享、开放以及质量和安全管理等地方标准，促进本市教育数据共享规范化管理。

3. 确定各业务部门教育数据治理中的权责

业务主管处室（单位）是在依法履职开展业务活动中收集和产生数据的主管单位，主要负责建立数据资源目录，确保数据质量；评估数据一旦遭受破坏或被窃取可能造成的影响，根据业务工作特点和数据重要性提出数据分类分级建议；明确数据运行、管理和保护要求，按要求开展数据归集工作，对数据共享和开放等需求进行审核；加强数据处理人员教育培训和管理监督。

利用数据开展业务工作的单位是数据使用单位，主要对使用数据的目的及过程的合法性、合规性负责，确保数据在使用过程中处于安全可控的状态，包括落实数据主管单位关于数据安全的管理要求，评估数据使用场景的安全风险并制定对策，加强数据使用过程的监管，做好数据安全事件处理措施。

发展规划处、财务处、学校建设管理处是法定统计数据主管处室，负责统筹管理法定统计数据的采集、处理和公开。

4. 确定教育数据运行服务与安全保障机构

"管理办法"明确，为数据运行提供服务保障的单位是数据运行技术支撑单位，主要负责落实数据主管单位关于数据运行、管理和保护的要求，保障数据所在信息系统正常运行及安全，为主管单位的数据处理活动提供技术保障，做好数据安全事件的应急处置和报告，定期组织开展数据安全自查和风险评估等工作。数据运行技术支撑单位包括市电化教育馆（市教育信息化中心）等提供机房环境的单位、信息系统运维单位、数据服务单位等，各单位根据任务分工不同分别承担相应的数据工作责任。

数据安全职能部门主要负责数据安全管理的决策、协调和组织工作，包括建立健全数据安全管理体系，规划和建设数据安全管理组织架构，制定数据安全管理相关的制度，负责数据安全管理的监督工作。数据安全职能部门由N市教育网络安全和信息化领导小组办公室研究确定。

5. 提出教育数据治理的支撑保障要素

区域教育数据治理的发展需要人、才、物、制度四大保障要素。需要配备具有专业知识和能力的责任人及数据质量管理专员，相关人员要能够胜任数据质量管理工作，保证所采集数据的质量，确保本单位人员认识到数据质量工作的业务相关性和重要性，具备为实现质量目标做贡献的责任意识；确保从事数据质量管理工作的人员具备相应的能力，对从事数据采集、检查、考核的人员进行岗位专业技能培训，保持人员教育、培训、技能和经验的适当记录。开展数据质量管理工作所涉及的数据标准制定与优化、系统建设与改造、数据质量自查与校核、数据质量监管以及考核评估等相关经费保障，应当根据实际情况纳入财政资金预算。配备所需的设备、设施及相应的环境条件，配备所需的测试工具和监测装置。

（三）规范教育数据处理各环节

1. 数据收集规范

"管理办法"明确指出数据收集主要包含数据采集和数据归集两种形式。数据采集是指直接从数据权属个人或组织获得数据。数据归集是对已采集到的数据进行集中整合，一般是通过间接方式获得数据。

"管理办法"要求各处室采集教育数据需按规定程序批准，并遵循国家、省、市各级指导监管部门颁布的相关标准。采集教育数据前均应经过充分论证，确保数据采集过程的合法性和合规性，并确保采集数据真实、准确、完整和及时。论证内容包括数据采集的必要性和可行性、采集数据与已有数据的关系、数据采集机制、经费保障、安全管控措施等。

数据归集是数据治理以及共享开放的基础，应严格按照业务需求、职能边界和归集工作流程开展，并依托安全可靠的数据归集平台进行。数据归集不改变数据原本的权属和数据责任分工。负责数据归集技术支撑保障的单位需按照归集后数据的规模和重要性等因素，加强数据归集平台的安全保护。数据收集单位应根据拟收集数据的情况，按照分类分级要求对相关环境设施、软件环境、收集技术等加强管控，确保收集过程安全可靠。

教育数据的采集和归集都应进行数据溯源管理，实现数据源的鉴别以确保数据来自已认证的数据源；保留数据链路上每次变化情况的日志记录；保证操作可追溯，实现数据的版本管理、恢复和回退。

县级以上地方人民政府教育行政部门增加或减少补充性教育统计调查内容，应当依法报本级人民政府统计机构审批，并报上级教育行政部门备案。设立新的行政业务管理信息系统应符合精简、高效的原则，充分考虑基层学校的承受能力，数据采集遵循"一数一源"原则。凡属于共享平台可以获取的数据，原则上不得重复采集。

2.数据存储和传输规范

"管理办法"提出所谓数据存储，指数据以某种格式记录在计算机内部或外部存储介质上。数据存储应选择安全可信的介质，遵循"最短周期"原则，按照分类分级情况结果采取物理或逻辑隔离的措施，将不同类别、不同级别的数据分开存储，建立数据备份制度和数据归档制度。在境内收集和产生的教育数据原则上应在境内存储。确需在境外存储的，应按国家规定开展数据出境安全评估。

数据传输是指依照适当的标准或要求，数据经过一条或多条链路，在数据源和数据宿之间传送的过程。数据传输安全主要包括物理传输安全和通信传输安全。物理传输过程中应确保移动介质安全和传输人员操作安全，传输过程中应记录获取数据的所有操作及具体人员信息。通信传输过程中应确保传输设备安全和网络安全，防止数据通过各类网络应用泄露。数据传输过程中应防止被传输或路由到境外。为保证数据存储和传输过程安全，应选择符合国家密码管理部门要求的密码技术、产品和服务。

3.数据使用和加工规范

数据使用和加工，是指对数据进行计算、分析、挖掘、补录、可视化等多种数据处理活动的集合，是体现数据价值的核心环节。数据使用和加工活动应在法律允许的职责权限范围内开展，应确保数据使用和加工活动的目的是合法、正当且具有授权的，不得侵害公民或其他组织的合法权益。

数据使用和加工活动应遵循可审计原则。各类数据处理平台应具备权限管理、日志管理、安全策略控制、安全审计等能力，实现数据管理、使用和安全审计的权限分离,并保留相关日志不少于六个月。在数据使用和加工过程中,鼓励充分利用数据脱敏技术,加强对国家重要数据、组织敏感数据、个人信息等数据的保护。

4. 数据提供和公开规范

数据提供,是指数据从一个法人单位提供给另一个法人单位的过程。数据提供又称数据共享,包括市教育局机关及直属事业单位间的数据共享、市教育局和其他政务部门间的数据共享。教育数据根据业务工作职能,从市教育局向上级主管单位如省教育厅、市委、市政府流动的情况,属于数据归集,不属于数据共享。教育数据资源共享分为无条件共享、有条件共享和不予共享。教育数据资源根据分类分级情况采取对应的共享管控措施。数据共享遵循"谁提供谁负责、谁使用谁负责"的原则。

数据提供单位包括数据主管单位和技术支撑单位。其中数据主管单位负责审核数据共享需求,明确共享数据的安全防护要求。技术支撑单位负责保障数据共享平台和基础环境的安全。数据使用单位负责落实数据主管单位关于共享数据安全保护的要求,确保接收数据平台的安全性,以及在权限范围内合法、合规使用数据,参照《N市教育数据共享申请表》填写详细内容,经业务主管处室审批后报数据运行技术支撑单位,数据使用单位必须签订《N市教育数据安全保密责任书》,相关工作人员必须签订《N市教育数据安全保密承诺》,并加盖数据使用单位公章。

数据公开,是指依照相关法律法规向社会公众公开教育数据。教育数据资源公开分为主动公开、依申请公开、不予公开三种类型。法定统计数据和行政记录数据的主管单位应依照《中华人民共和国统计法》《中华人民共和国政府信息公开条例》建立完善的数据公开审核制度,数据公开前应进行合法性审查和风险评估。

5. 数据销毁规范

数据销毁,是指将符合销毁标准的数据彻底删除,并无法复原,以免造成信息泄露。数据销毁前,数据主管单位应充分评估后果,报N市教育网络安全和信息化领导小组办公室审定后方可实施。拟销毁数据中存在共享数据的,应提前告知共享数据使用单位做好准备。

数据销毁应根据数据的分类分级采用不同的数据销毁方式，销毁过程至少保证有双人在现场，并记录数据销毁的操作时间、操作人、操作方式、数据内容等相关信息。在介质销毁前应首先对介质中的数据进行销毁处理，确保存储在介质中的数据无法恢复。

（四）确定信息保护与数据安全管理规范

1. 个人信息保护

个人信息（含敏感个人信息）是教育数据中需要特别加强管理和保护的一类数据。敏感个人信息，是一旦泄露或者非法使用，容易导致自然人的人格尊严受到侵害或者人身、财产安全受到危害的个人信息，包括生物识别、宗教信仰、特定身份、医疗健康、金融账户、行踪轨迹等信息，以及不满十四周岁未成年人的个人信息。

教育数据治理中，采集使用个人信息应以通俗易懂、简单明了的方式展示采集使用规则，并经个人信息主体同意后方可实施。采集教职工、师生、家长的数据时，应公开采集使用规则，明示采集使用数据的目的、方式和范围。采集使用未成年人个人信息应以显著、清晰的方式告知未成年人监护人，并征得监护人的同意。不得以默认、捆绑、停止安装使用等手段变相强迫授权，不得违反法律法规和超越约定来收集使用个人信息。

涉及采集100万人以上个人信息或10万人以上个人敏感信息的信息系统建设项目应报N市教育网络安全和信息化领导小组办公室审核同意后方可实施，且系统的网络安全保护等级应定为三级以上（含三级）。

各处室（单位）应严格规范个人生物识别信息应用，原则上不采集使用教职工、学生、家长的人脸、指纹、虹膜、声纹、DNA、步态等个人生物识别信息。确需采集使用的，应按照规定流程进行，并全面加强数据安全保护措施。将个人生物识别信息用于认证个人身份的，应经数据主管单位领导班子集体决策同意后方可实施，且不得将个人生物识别信息强制作为唯一的认证手段。将个人生物识别信息用于分析个人行为的，应对研究课题的科学性进行严格论证，广泛征求意见，并报N市教育网络安全和信息化领导小组办公室审核同意后方可实施。

敏感个人信息应采用符合国家密码管理部门要求的加密技术进行存储。个人信息使用单位应规范个人信息使用行为，不得侵害公民和法人的合法权益。开展涉及未成年人个人信息的数据活动应获得数据主管单位同意，严格管控未成年人个人信息访问权限，并采取技术措施，记录访问情况。不得将未成年人的数字画像用于商业用途。

共享数据中包含敏感个人信息的，应取得个人书面授权后方可实施共享。共享未成年人信息应严格按照数据共享责任清单的范围，原则上不得向第三方共享未成年人数据，确需共享时应进行数据安全评估并签订安全责任书。除法律、行政法规的规定和监护人的约定外，不得披露未成年人信息。共享个人信息原则上通过接口方式实现。确需通过拷贝数据等方式进行共享的，应明确数据物理传输过程的安全责任人和保护措施，经数据主管单位审核同意后方可实施。因业务需要向境外提供个人信息的，应按照国家和省有关规定进行安全评估。

2. 数据处理人员安全管理

各处室（单位）应制定完善数据处理人员管理制度，明确不同岗位人员在数据生命周期各阶段的工作范畴、安全管控措施，明确关键岗位人员安全能力要求，并确定其培训技能考核指标与考核内容，定期对关键岗位人员进行审查和能力考核。数据活动中所有接触数据的人员应获得相应授权，签署保密协议，接受安全审查。重要岗位人员调离或终止劳动合同时，应主动上交所持有或保管的数据及介质。

3. 数据安全事件管理

数据安全事件包括数据篡改事件、数据假冒事件、数据泄露事件、数据窃取事件、数据丢失事件、其他数据破坏事件等。数据安全事件作为网络安全事件的一种类型，应纳入网络安全事件应急处置体系统一管理。一旦发生数据安全事件，应按照《N市教育网络安全事件应急预案》《N市教育网络安全事件监测预警通报工作制度》进行处置。

三、《N市教育数据分类分级规范》

N市教育局参照国家相关规范，制定《N市教育数据分类分级规范（试行）》（以下简称"分类分级规范"），为N市教育局、直属单位（学校）等提出了教育数据的分类原则、分类方法、分级流程、分级安全管控等基本要求。

（一）明确教育数据分类分级的内涵与对象

1. 明确分类分级的内涵

数据分类是指根据教育数据的某种共同属性或特征，将其按照一定的原则和方法进行区分和归类，并建立起一定的分类体系和排序体系，以便更好地管理和使用教育数据。

数据分级是根据教育数据遭到篡改、破坏、泄漏或非法利用后对受害者的影响程度，按照一定的原则和方法对分类后的教育数据进行定级，为教育数据全生命周期管理的安全策略制定提供支撑，进而提高教育数据管理和安全防护水平，确保数据的完整性、保密性和可用性。

2. 厘清分类分级的数据对象

个人信息指以电子或其他方式记录的能够单独或者与其他信息结合识别特定自然人身份或者反映特定自然人活动情况的各种信息。

共享的数据指各处室（单位）因履行职责需要，无偿使用其他各处室（单位）所采集和产生的教育数据、市其他政务部门所采集和产生的政务数据，或者为其他处室（单位）、市其他政务部门间提供的教育数据。开放的数据是指各处室（单位）面向公民、法人和其他组织提供教育数据供其开发利用的公共数据。

3. 明确数据分类分级的主体及职责

N市教育网络安全和信息化领导小组办公室负责指导和监督各处室（单位）教育数据分类分级工作。各处室（单位）依据"分类分级规范"对教育数据进行自主分类分级。

（二）数据分类管理策略

数据分类主要为了使数据的管理更加有序，基于业务的分类可以更加有效地利用数据，持续性为各处室（单位）、市其他政务部门提供精准的教育数据服务，发挥教育数据效能。

1. 数据分类原则

（1）标准性。教育数据分类的指标和参数的具体实施应严格依据国内和国外的相关标准及理论模型来执行。

（2）稳定性。分类应选择教育数据相对稳定的本质属性或规则特征作为分类的基础和依据，使分类中大类的设置能覆盖教育领域及相关知识范畴，能正确反映类目间的概念逻辑关系，保证数据类型的稳定性。

（3）系统性。将选定的分类对象的特征（或特性）按其内在规律系统化进行排列，形成一个逻辑层次清晰、结构合理、类目明确的分类体系。

（4）可扩展性。随着教育信息化的发展，教育会产生相应变化及变更或者类目的增多，在不打乱原有的排布方式的前提下，及时组织专家完善和调整分类分级规则。

（5）实用性。教育数据分类时既要体现数据资源特点，又要考虑用户的现实需求，应根据具体情况使类目的设置实用和可操作。

（6）兼容性。确保教育数据分类体系与现有的技术、系统、标准和业务流程兼容，以减少数据孤岛，提高数据的互操作性和可用性。

2. 数据分类方法

可以按照教育数据的资源属性、共享开放属性两个维度进行分类。

（1）资源属性维度

资源属性维度是指根据数据的来源、形态、主题等特征对数据进行分类的方法。从资源属性可以将教育数据分为业务信息资源、部门信息资源两种类型。业务信息资源可从自然人域、法人域、教学域、科研域、综合管理域和公共域6个数据域进行分类。部门信息资源是依据教育数据来源部门进行分类，包括局机关各处室及直属学校（单位）在依法履行职责的过程中采集和产生的数据资源。

（2）共享开放属性维度

共享主要是指面向社会大众、政务部门、学校组织以及其他组织的数据访问与使用。从共享属性可以将根据教育数分无条件共享、有条件共享、不予共享三类。无条件共享的数据是指可以提供给所有组织与用户共享使用的教育政务数据资源。这些数据通常不涉及敏感信息。有条件共享的数据是指可以提供给相关组织或个人共享使用或仅能够部分提供给所有组织与个人共享使用的教育政务数据资源。这些数据的使用需要满足特定条件，如通过用户身份验证、提供数据需求部门使用目的说明、签订数据使用协议等。不予共享的数据是指不宜提供给其他组织和个人共享使用的政务数据资源。这些数据通常涉及国家秘密、个人隐私或法律法规规定不得开放的数据。

（三）数据分级管理策略

1. 数据分级原则

数据分级依据以下原则：

（1）合法合规。满足国家法律及地方相关标准规定。

（2）可执行性。避免定级过程过于复杂，确保定级过程的可行性。

（3）客观性。教育数据定级规则应满足客观性及可校验性，保证根据教育数据的分级规则可以判定教育数据的级别，并且教育数据的定级可审核以及复验。

（4）自主定级。各处室（单位）在开放和共享数据之前，应按照分级方法自主对各种类型教育数据进行分级。

2. 数据分级方法

教育数据的分级对象主要包括结构化数据和非结构化数据，数据分级的最小单元为数据项，对数据项进行分级时，默认数据项集合的安全级别为其所包含数据项级别的最高级别。非结构化数据应按照其标签索引进行分级。

根据教育数据发生泄漏、篡改、丢失、破坏或者滥用后对影响对象的影响程度及影响范围进行划分，将教育数据分为三类等级，具体如表6-1所示。

表6-1 教育数据分级表

数据等级	定义	相关描述
一级	一般数据	数据发生泄漏、篡改、丢失或滥用后，对于自然人、法人（学校、事业单位）、社会秩序、国家安全等的影响程度和影响范围符合以下条件之一： 1. 对自然人不会造成人身伤害、财产损失、精神损失及名誉损失； 2. 不会影响法人（学校、事业单位）以及其他组织运作，不损害其利益； 3. 不会干扰社会秩序、国家安全和损害公共利益。
二级	重要数据	数据发生泄漏、篡改、丢失或滥用后，对于自然人、法人（学校、事业单位）、社会秩序、国家安全等的影响程度和影响范围符合以下条件之一： 1. 容易对自然人造成较为严重的精神损失、名誉损失、财产安全和人身伤害，但是可通过采取措施降低损失； 2. 严重影响法人（学校、事业单位）以及其他组织的运作，且结果不可逆，但是可通过采取措施降低损失，工作仍可继续运转； 3. 严重干扰社会秩序、国家安全和损害公共利益。

（续表）

数据等级	定义	相关描述
三级	敏感数据	数据发生泄漏、篡改、丢失或滥用后，对于自然人、法人（学校、事业单位）、社会秩序、国家安全等的影响程度和影响范围符合以下条件之一： 1. 危害自然人人身安全、重大财产安全； 2. 特别严重影响一个或多个法人（学校、事业单位）和其他组织，导致工作运转失灵或几近瘫痪，或者所辖关键信息基础设施破坏严重； 3. 特别严重干扰社会秩序、国家安全和严重损害公共利益。

3. 数据分级流程

依据《N市教育数据管理办法》中各部门职责划分，N市教育数据分级流程图如图6-1所示。

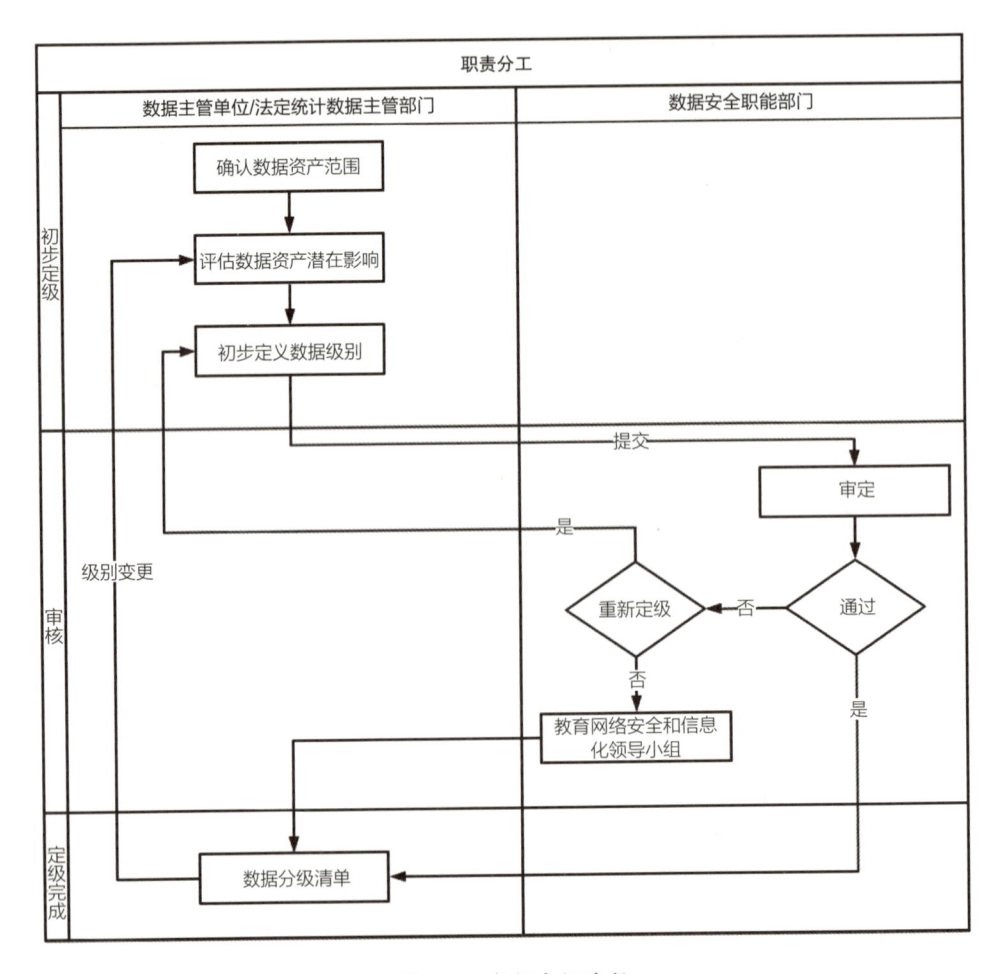

图 6-1 数据分级流程

第一，确认数据资产范围。数据主管单位和法定统计数据主管部门在进行数据分级前，首先需要梳理数据资产范围及资产清单，明确数据的资产内容、资产类型、所属分类，明确数据资产的所有者、使用者以及其他相关方，明确数据发生泄漏后涉及的影响对象。

第二，评估数据资产潜在影响。数据主管单位和法定统计数据主管单位应根据若数据的安全性遭到破坏对影响对象产生的影响程度（无影响、严重影响、特别严重影响）和影响范围（较小范围和较大范围），评估数据资产潜在影响。

第三，初步定义数据级别。数据主管单位和法定统计数据主管单位对照国家、省、市现行相关法律法规、规章制度及行业相关政策，根据"分类分级规范"中的相关规则，广泛征求系统内部意见，科学论证、预测、分析，初步定义教育数据安全级别。

第四，数据安全职能部门审定。数据主管单位和法定统计数据主管单位将数据分级结果提交至数据安全职能部门进行审定。数据安全职能部门根据实际情况会同有关部门，通过委托第三方服务等形式，以公告公示、问卷调查、座谈会、论证会等多种形式，征求意见，科学论证，审定数据安全级别。如不通过，协商确认是否重新定级，数据主管单位和法定统计数据主管单位若无异议将进行重新定级，如有异议，数据主管部门可提请N市教育网络安全和信息化领导小组会议决定。

第五，最终确定数据级别。数据安全职能部门审核通过后，确定数据分级级别，形成数据分级清单。

第六，数据等级变更。当数据应用场景、分级对象、数据级别等方面发生变化，导致数据发生泄漏、篡改、丢失或滥用后对影响对象的影响程度、影响范围发生较大变化时，应按照"分类分级规范"重新对数据定级。

4. 数据分级安全管控要求

为更好地保护数据安全，需要依据分级结果制定数据分级安全管控要求。在进行教育数据分级安全管控时，除满足国家信息安全相关指南之外，还应满足N市教育数据分类分级要求。

四、《N市教育数据质量管理规范》

为提高N市教育数据质量，明确数据质量管理中的职责权利，规范数据质量管理流程，确保数据的准确性、完整性、及时性、一致性、唯一性和规范性，N市根据有关法律法规和《教育部机关及直属事业单位教育数据管理办法》（教发厅〔2018〕1号）、《江苏省公共数据管理办法》（江苏省政府令第148号）、《N市教育数据管理办法》等文件规定，结合本市教育工作实际，制定《N市教育数据质量管理规范》（以下简称"质量管理规范"）。

（一）明确教育数据质量适用范围与原则

1. 阐明适用范围与参照规范

"质量管理规范"适用于N市教育数据质量管理工作，主要目的是提高N市教育局、直属单位在履行职责以及提供公共服务的过程中获取或生成的任何以电子或者其他方式对信息的记录，包含法定统计数据、行政记录数据和个人信息等的质量。

"质量管理规范"参照国家《JY/T 0633—2022 教育基础数据》《JY/T 0637—2022 教育系统人员基础数据》《GB/T 25000.12—2017 系统与软件工程系统与软件质量要求和评价（SQuaRE）》《N市教育数据管理办法》等制定。

2. 确定教育数据质量管理基本原则

（1）权责明确原则。各处室（单位）之间的职责和权限边界清晰，各司其职，各尽其力，共同推动教育数据质量管理有序进行。

（2）统一规范原则。各处室（单位）的数据质量管理过程，应符合教育部发布的《教育基础数据》《教育系统人员基础数据》《数字教育资源基础分类代码》《中小学校基础数据》等教育行业标准，并遵守《N市教育数据管理办法》。

（3）全程监管原则。建立涵盖数据采集和归集、数据检查、数据维护的全过程监管体系，确保数据全生命周期的准确、完整、及时、一致、唯一、规范。

（4）持续改进原则。数据质量管理是一个动态长期过程，遵循PDCA（策划—实施—检查—处理）理念，逐步、持续改进数据质量。

3.明确教育数据质量内涵

教育数据质量是在指定条件下使用时,数据的特性满足明确的和隐含的要求的程度。教育数据质量管理是对数据全生命周期各个阶段里可能引发的各类数据质量问题,进行识别、度量、监控、预警等一系列管理活动,并通过改善和提高组织的管理水平使数据质量维持在较高水平。

教育数据质量管理涉及数据采集、数据归集,以及对数据的准确性、完整性、及时性、一致性、唯一性和规范性等特性进行质量检查的行为,对已经存储于数据库中质量不合格数据进行整改的行为,包括对数据内容的修改、增删、更新以及异常现象的处理等操作,如字段状态或属性更正。

(二)构建教育数据质量评估维度

数据质量评估维度是数据质量的评估标准和定义约束规则的依据。根据业务需求,参考国家标准《GB/T 25000.12—2017 系统与软件工程系统与软件质量要求和评价(SQuaRE)》,从以下六个维度开展教育数据评估。

1.准确性

指在特定的使用环境中,数据正确地表示一个概念或事件的相关属性真实值的程度。数据的准确性需要将数据与其所描述的实际对象比较,数据应符合业务规则和统计口径。

2.完整性

指在特定的使用环境中,与一个实体相关联的主题数据具备所有预期属性值和相关实例值的程度。该维度用于度量哪些数据是缺失的或者哪些数据不可用。

3.及时性

指在特定的使用环境中,数据具有表征其正确寿命属性的程度。由于数据的数值随时间而不断变化,因此该维度的评估检查需要贯穿数据全生命周期。

4.一致性

指在特定的使用环境中,数据具有表征其与其他数据无矛盾且连贯属性的程度。该维度是对不同数据仓库、应用和系统中所存储或使用信息等价程度的测量,以及使数据等价的处理流程的测量标准。

5. 唯一性

指数据或者属性的重复程度。保证唯一性能避免数据冗余，同时也减少了出现数据不一致的潜在可能性。

6. 规范性

指在特定的使用环境中，数据具有表征其能被用户阅读和理解，并用适当的语言、符号和（计量）单位来表达的属性程度。

（三）数据质量管理流程与方法

数据主管单位负责数据采集和归集过程中的数据质量管理，数据运行技术支撑单位协助，数据安全职能部门负责数据质量检查并定期出具报告（如图6-2所示）。

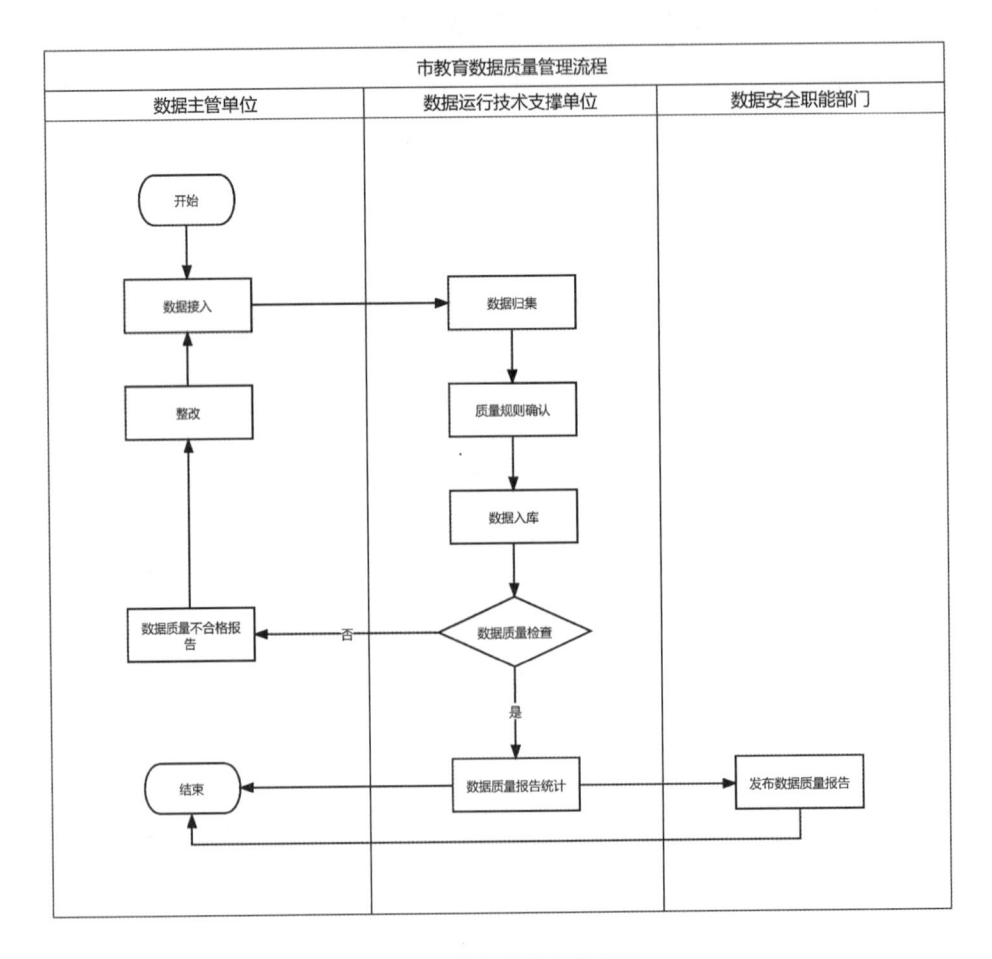

图 6-2　数据采集归集流程

1. 数据治理过程中的质量管理细则

数据主管单位根据数据安全职能部门制定的标准规范，严格执行数据采集工作，加强对采集人员的管理、工作情况监督和培训，对数据进行清洗加工以及标准化之后再进行采集工作，确保数据采集符合各项评估维度。

当数据发生变更（包括不限于以下情况：数据结构、数据长度、数据类型、字典表、验证逻辑变化等情况），数据主管单位应提前通知数据安全职能部门解释变更后的业务情况，再由数据安全职能部门进一步依据数据使用情况同步通知到数据运行技术支撑单位和数据使用单位。数据主管单位还应配合数据运行技术支撑单位进行原数据集成接口调试，保障数据集成服务能继续正常运行；数据运行技术支撑单位负责做好数据检查、情况反馈、督促整改、采集入库等工作。

2. 数据质量的检查方法与原则

数据质量检查的方法包括：应用数据质量管理工具检查；数据库及系统程序的自动化控制措施，实时或定期监测关键数据的质量；手工复料，抽取原始档案材料与数据库中数据进行对比。

数据运行技术支撑单位按照"多源校核、动态更新"的原则，依据数据质量评估维度制定约束规则库，并配置数据质量管理工具。

数据主管单位有义务配合数据运行技术支撑单位制定数据质量检查的业务规则；数据运行技术支撑单位采用全检或抽验的方式对接入数据进行质量检查，形成数据质量报告，发送至数据主管单位，并督促及时整改维护质量不合格数据。建立数据质量可追溯机制，并保持上述质量检查的全部证实性记录。当数据发生与数据质量有关的业务或技术变更时，数据主管单位需要通知数据运行技术支撑单位进行对应的数据质量检查规则变更。

3. 数据维护中的质量保障方法与细则

数据维护包括数据更正、数据标准变更、数据结构或接口变革等。数据更正包括但不限于对数据的错误、失真、延误、遗漏等情况的补全与纠错；数据补全是根据客观事实按照通用标准明确业务流程、数据描述主体和补充缺值信息；数据纠错是根据"一数一源"要求明确数据来源，校准数据内容；数据标准变更，包括但不限于数据长度、数据类型、数据范围、字典表、验证逻辑等数据结构或接口变更。

数据维护前应做好数据和系统的备份工作。数据使用单位在数据使用过程中，应建立相应措施和机制，对所用数据质量进行评价，及时向数据主管单位反馈质量问题。数据主管单位应在收到问题通知后的5个工作日内，对数据进行维护，并向数据运行技术支撑单位反馈，处理数据质量问题。数据维护人员在进行数据维护时，必须认真负责，避免在数据维护过程中产生新的错误数据。

数据维护工作应严格备案，数据运行技术支撑单位对各单位报送的数据维护的时间、内容、原因、责任人等记录进行备案，涉及的书面材料必须登记存档。

4. 数据质量考核细则

应由数据安全职能部门、数据运行技术支撑单位共同建立数据质量考核体系，积极开展数据质量考核工作，督促各处室（单位）的质量管理工作。

数据运行技术支撑单位应从准确性、完整性、及时性、一致性、唯一性、规范性六个评估维度对各处室（单位）数据质量进行考核；应根据约定的质量检查规则，保持一定的频率对各处室（单位）的数据质量进行考核并出具数据质量报告，报告内容包括考核对象、考核结果、问题种类以及考核时间等；考核发现的数据质量问题应及时通知数据主管单位及时进行整改。

五、《N市教育数据共享管理规范》

为了推进全市教育数据整合、共享、应用，保障教育数据安全，提升教育公共管理和服务水平，N市根据《国务院办公厅关于建立健全政务数据共享协调机制加快推进数据有序共享的意见》（国办发〔2021〕6号）、《江苏省政务信息资源共享管理暂行办法》、《N市政务数据管理暂行办法》等文件要求，结合实际，制定《N市教育数据共享管理规范》（以下简称"共享管理规范"）。

（一）明确教育数据共享对象与原则

"共享管理规范"主要是作用于N市教育系统中教育数据的规划建设、目录管理、数据的分类与共享要求、数据的采集及应用、安全保障及其相关管理活动等，涉及国家秘密或者属于教育信息公开的教育数据管理，按照有关法律、法规规定执行。

教育数据共享应遵循以下原则：

（1）以共享为原则，不共享为例外。各处室（单位）的教育数据原则上应予共享，涉及国家秘密和安全的，按照相关法律法规执行。

（2）统一标准，便捷高效。各处室（单位）按照"一数一源、一源多用"实现全市教育数据共享使用。可以通过共享方式获得数据的，不得通过其他方式重复采集数据。

（3）需求导向，无偿使用。各处室（单位）在履行职责过程中获取、产生的数据资源是教育数据的组成部分，在其他处室（单位）、市其他政务部门提出明确的共享需求和教育数据使用用途时，应及时响应并无偿提供共享服务。

（4）规范有序，保障安全。各处室（单位）应当加强教育数据共享管理，不得滥用、非授权使用、未经许可扩散所获取的数据，因使用不当造成安全问题的，依法追究使用单位及相关责任人的责任。

（二）在教育数据治理各环节体现共享

1. 在规划建设中体现共享

在编制教育数据发展规划时，要将教育数据共享作为教育数据发展目标、重点任务、重大工程之一，并有相应的保障措施等。数据安全职能部门应当依法建立健全信息化项目立项审批、开发运用、资金管理、绩效评价、安全保障等管理制度，推动全市教育数据的汇聚、整合和应用发展。应当以全市统一身份认证体系为基础平台，通过数字认证、生物识别、区块链技术等方式，为线上线下一体化服务提供多源实名认证，从而为共享提供基本认证基础。同时，应当借鉴国际标准，根据国家标准和行业标准，制定教育数据采集、归集、整合、共享、开放以及质量和安全管理等地方标准，促进教育数据共享规范化管理。

2. 通过目录管理奠定共享基础

教育数据目录是教育数据管理的基础，是教育数据整合、共享、开放、应用的依据。N市教育数据实行统一目录管理。教育数据目录核心元数据包括数据分类、数据名称、数据格式、共享类别、共享范围、更新频度、时效要求、提供方式、提供单位、可否向社会开放等内容。

N市教育系统各部门应当按照国家信息资源目录编制要求，编制本单位教育数据目录。数据安全职能部门负责审核、汇总各处室（单位）教育数据目录，形成N市教育数据目录。数据安全职能部门在审核、汇总各处室（单位）提交的教育数据资源目录过程中发现数据资源目录重复的，应当协调明确采集处室（单位）。各处室（单位）应当对各自单位的教育数据资源目录进行动态管理，做好更新和维护工作，并及时向数据安全职能部门汇总，保障教育数据的真实性、准确性和完整性。

（三）明确教育数据分类与共享要求

1. 确定教育数据共享类型

教育数据按共享类型分为无条件共享、有条件共享和不予共享三种类型。可提供给其他处室（单位）、市其他政务部门共享使用的教育数据属于无条件共享类。可提供给部分处室（单位）、部分市政务部门共享使用或仅部分内容能够提供给其他处室（单位）、市其他政务部门共享使用的教育数据属于有条件共享类。不宜提供给其他处室（单位）、市其他政务部门共享使用的教育数据属于不予共享类。

2. 明确教育数据共享类型的划分要求

凡列入不予共享类的教育数据，相关处室（单位）应出具国家相关法律法规或政策制度依据。凡列入有条件共享类的教育数据，相关处室（单位）应明确共享条件。凡列入无条件共享的教育数据，相关处室（单位）需配合数据安全职能部门在全市教育数据共享建设中实现统筹管理、及时更新，在其他处室（单位）、市其他政务部门间实现无条件共享。

（四）建立教育数据采集与应用中的共享规范

各处室（单位）应当按照法定职责，采集教育数据，明确本单位教育数据采集、发布、维护的规范和程序，确保教育数据的准确性、完整性和时效性。

各处室（单位）有教育数据采集需求时，除法律法规另有规定外，应遵循"一数一源、一源多用"的原则，不得重复采集可以通过共享方式获取的教育数据。

各处室（单位）、市其他政务部门申请共享其他处室（单位）的教育数据时应明确使用目的、使用时限、使用方式、安全保障措施等。申请无条件共享类及有条件共享类教育数据的，应当通过《N市教育数据管理办法》中的《N市教育数据共享申请表》进行申请，审批完成后予以共享。

数据提供处室（单位）应保障所提供教育数据的完整性、准确性、时效性和可用性。对使用处室（单位）或市其他政务部门反馈的教育数据质量问题，应及时予以校核并反馈。

数据使用处室（单位）、市级其他政务部门应依法依规使用教育数据，按照申请的使用用途将教育数据用于本处室（单位）、部门履职需要，不得滥用、非授权使用、未经许可扩散或泄露所获取的教育数据，不得直接或以改变数据形式等方式提供给第三方，也不得用于或变相用于其他目的。需改变使用用途的，应重新申请并获得授权。

数据使用处室（单位）、市其他政务部门应反馈共享教育数据使用情况，包括满足需求情况、数据质量以及使用效果，建立疑义、错误数据快速校核机制。各处室（单位）对获取的共享数据有疑义或发现有明显错误的，应及时反馈数据提供处室（单位）予以校核。

各处室（单位）应积极推动教育数据开放应用，加强教育数据与社会数据的应用合作，通过项目建设、合作研究等方式，挖掘教育数据价值，拓展教育数据来源。

（五）建立教育数据共享中的安全保障

1.明确各级组织在数据共享中的安全职责

数据安全职能部门应当按照国家有关网络安全、数据安全的要求，建立教育数据共享监督评估制度，组织开展教育数据检查和共享评估工作。

数据运行技术支撑单位负责指导督促教育数据共享管理过程的网络安全保障工作，指导推进风险评估和安全审查。

各处室（单位）应当按照国家和省的保密政策、教育数据分类分级规范以及教育数据安全管理规范等要求，确保教育数据安全有序共享和开放；应当按照国家有关规定建立健全安全防范措施，防止共享中信息泄露、损毁、丢失、篡改。数据运行技术支撑单位应当履行教育数据共享管理过程中的安全保护义务，定期组织开展数据安全自查和风险评估等工作。数据安全职能部门可以委托第三方专业机构对教育数据的质量安全、共享开放工作定期开展调查评估，发现问题应当及时整改。

2. 明确教育数据共享中各方法律责任

教育数据相关监督管理部门工作人员玩忽职守、滥用职权、徇私舞弊的，依法给予行政处分；构成犯罪的，依法追究刑事责任。各处室（单位）及其工作人员如果不按照规定编制、更新、报送教育数据目录的，无故不提供或者拖延更新教育数据，向其他处室（单位）、其他市政务部门共享的教育数据与实际掌握数据不一致的，或共享的教育数据不符合有关规范、无法使用的，不按照规定受理、答复、复核或者反馈教育数据共享开放需求申请的，对已发现不一致或有明显错误的教育数据，不及时校核的，对共享获取的教育数据管理失控，致使出现滥用、非授权使用、未经许可扩散或泄露的，未经数据主管单位授权，擅自将教育数据提供给第三方或用于其他目的的，以及其他违法行为，由数据安全职能部门责令限期整改，拒不整改或者情节严重的，对直接负责的主管人员和其他直接责任人员，依法给予行政处分。如果造成国家秘密、商业秘密和个人隐私泄漏，或者损害国家安全和扰乱社会管理秩序的，依照有关法律法规的规定处理。

六、《N市教育数据安全管理规范》

N市为进一步加强教育数据安全管理工作，推动数据及其应用过程的安全管理，提升数据安全管理水平和能力，依据《中华人民共和国网络安全法》、《中华人民共和国数据安全法》、《中华人民共和国个人信息保护法》、《儿童个人信息网络保护规定》、《教育部机关及直属事业单位教育数据管理办法》（教发厅〔2018〕1号）、《关于加强教育系统数据安全的指导意见》、《教育部机关和直属事业单位数据安全管理办法》、《N市教育数据管理办法》等，参照《GBT 35274—2017 信息安全技术大数据服务安全能力要求》《GBT 37973—2019 信息安全技术大数据安全管理指南》等标准，制定《N市教育数据安全管理规范》（以下简称"安全管理规范"）。

（一）明确教育数据安全管理原则

教育数据安全管理贯穿于数据生命周期各阶段，涉及数据采集及归集安全、传输安全、存储安全、处理安全、共享及开放安全、销毁安全等各方面。

教育数据安全应满足保密性、完整性、可用性、可控性等基本原则。保密性要求数据不提供或泄露给非授权的个人、过程或其他实体；完整性要求信息及信息系统不被非授权更改或破坏，保持信息及信息系统的原样性，包括数据完整性和系统完整性；可用性要求被授权实体能正确访问，并按要求能正常使用数据或在非正常情况下恢复使用数据；可控性要求网络系统中的任何数据要在一定传输范围和存放空间内可控。

（二）细化教育数据各环节安全要求

1. 教育数据采集及归集安全

教育数据采集及归集环节是数据安全的起点，该环节的数据安全管控涉及物理监控、物理防护、人员访问管理、待采集或归集数据管理、账号权限管理、采集设备接入管理、采集监控告警、数据线下交互过程管控等方面。

在教育数据采集安全中，教育数据主管单位需要定义采集数据的目的和用途，明确数据采集源和采集数据范围；遵循合规原则，确保数据采集的合法性、正当性和必要性；遵循数据采集最小化原则，只采集满足业务所需的最少数据；遵循质量保障原则，制定数据质量保障的策略、规程和要求；明确数据收集和获取过程中个人信息和重要数据的知悉范围和安全管控措施，确保采集数据的合规性、完整性和真实性。采集数据应严格按照业务需求和职能边界确定数据采集使用范围，优先通过共享获取数据，原则上不得重复采集数据。利用第三方平台和教育App采集数据应签订数据使用和保密协议。主管单位应对采集的数据按照《N市教育数据分类分级规范》进行分类分级标识，对不同类型和级别的数据实施相应的安全管理策略和保障措施，对数据采集环境、设施和技术采取必要的安全管控措施，对操作、变更过程进行评审、记录，为数据分类分级管理奠定基础。应建立数据采集的风险评估机制，针对采集的数据源、范围、频度、渠道、程序、数据类型等进行风险评估。如涉及采集个人信息和重要数据的业务场景，应进一步依据相应的合规要求进行风险评估，防范采集过程中可能存在的数据泄漏风险。

数据运行技术支撑单位负责数据归集阶段的数据质量校核和监管，按照多源校核、动态更新的原则，实施相应的数据质量监控手段，对本级数据资源管理的数量、质量以及更新情况等进行实时校核、确认、检查和考核。若发现问题，应当及时向数据主管单位通报并督促解决。

2. 教育数据传输安全

教育数据传输是指依照适当的标准或要求，数据源和数据宿之间传送数据的过程。数据传输环节对数据安全管控要求包括网络边界安全防护、接口安全、传输通道加密、数据内容加密、签名验签、身份鉴别、数据传输保护、物理传输等方面。

教育数据传输中，数据加密应满足国家法律法规要求、行业监管部门要求及单位自身业务数据的保密性和完整性要求。根据《N市教育数据分类分级规范》，需要加密的教育数据通常包括但不限于系统管理数据、鉴别信息、重要业务数据和重要个人隐私等完整性和保密性要求高的数据。

对于跨部门、跨业务的数据传输，需要进行严格的数据需求评审及必要的鉴权，核心数据对外部业务暴露需要遵循最小化、必要性等原则。非业务必须不得直接暴露用户敏感信息，需要进行去标志化、匿名化处理后使用。

涉及国家重要信息、单位敏感信息和个人隐私信息的数据传输场景，应在数据分类分级的基础上专线传输，原则上禁止通过公众互联网传输，如必须经公众互联网传输的，应经过数据管理部门审批后，对数据进行加密传输。数据传输过程中应防止被传输或路由到境外，加密技术使用应符合国家密码管理部门要求。

3. 教育数据存储安全

数据存储指数据以某种格式记录在计算机内部或外部存储介质上。数据存储环节对数据安全管控要求包括存储架构、逻辑存储、数据存储隔离、访问控制、数据可用性和完整性保护、数据副本、数据归档和数据时效性等。

教育各单位应在数据分类分级的基础上建立数据存储策略，建议选择安全可信的数据存储介质，确定相应的保存期限，将不同类别和级别的数据分开存储，并采取物理或逻辑隔离机制。可采用密码技术保证存储安全，密码技术和产品使用应符合国家密码管理部门要求。应建立数据存储冗余策略和管理制度，以及数据备份与恢复操作过程规范，确保分布式存储的数据及其副本的完整性。定期备份在线数据并开展数据恢复测试，确保发生突发情况时能对数据进行备份恢复，以降低数据丢失的风险。数据存储应遵循"最短周期"原则，数据在信息系统上的存储期限不得超过业务有效期，超过存储期限的数据应进行归档或销毁。应负责定期进行数据归档，保证历史数据的完整性和有效性，确保归档数据查找和使用的便利性，同时减少备份系统的负担。归档系统应与互联网隔离，仅提供查看功能，保障数据安全。应确保在人为破坏、软硬件故障、灾难灾害或突发公共安全事件等情况下，避免数据的丢失和损坏，保证数据完整、可用，保障业务连续性。应明确数据迁移的范围、目标位置、迁移频率及迁移方式等。应对数据库日志动态监控，主要包括访问日志、应用日志、数据存储日志、数据获取日志等，尤其应关注个人隐私信息的相关日志。

在境内运营采集和产生的非公开数据原则上应在境内存储。因业务需要，确需向境外提供的，应按国家规定开展数据出境安全评估。个人生物识别信息应与个人身份信息分开存储，原则上不应存储原始个人生物识别信息（如样本、图像等），仅存储个人生物识别信息的摘要信息；个人信息存储期限应为实现个人信息主体授权使用目的所必需的最短时间，法律法规另有规定或者个人信息主体另行授权同意的除外，超出个人信息存储期限后，应对个人信息进行删除或匿名化处理。

4. 教育数据处理安全

教育数据处理是指对数据进行计算、分析、挖掘、可视化等多种活动的集合，是体现数据价值的核心环节，是以数据赋能教育改革发展的关键。教育数据处理环节对各级数据安全管控要求包括对账号权限管理、数据清洗、转换与加载、数据质量监控、数据分析挖掘、数据查询展现等方面的要求。

涉及教育数据的相关教育组织应依据个人信息和重要数据保护的法律法规要求，明确数据处理的目的和范围；建立数据处理的内部责任制度，保证分析处理和使用数据不超出声明的数据使用目的和范围；遵循最小授权原则，提供数据细粒度访问控制机制；遵循可审计原则，记录和管理数据处理活动中的操作。应规范个人信息安全使用，如建立用户画像不得侵害公民和法人的合法权益。严格限制未成年人信息访问和管理权限，开展数据活动应征得数据主管单位同意，并采取技术措施，记录访问情况。使用数据画像和自动化决策分析技术处理未成年人信息应报N市教育网络安全和信息化领导小组办公室审核，不得将未成年人的数字画像用于商业用途。应严格规范个人生物识别信息应用，将个人生物识别信息用于识别个人身份的，应经单位领导班子集体决策同意后方可实施；将个人生物识别信息用于分析个人行为的，应对科学性进行论证，广泛征求用户意见，并报N市教育网络安全和信息化领导小组办公室审核同意后方可实施。鼓励通过共享权威个人生物识别信息库的方式开展个人身份验核，在提供服务过程中，不使用人脸作为身份验证的唯一手段。应建立数据脱敏规范和流程，通过脱敏技术和方法，对个人信息、组织敏感数据、国家重要数据等进行脱敏、变形等处理，保障数据在开发、测试和其他非生产环境以及外包环境中的应用安全。应制定数据分析结果风险评估机制，确保衍生数据不超过原始数据的授权范围和安全使用要求，避免分析结果输出中包含可恢复的个人信息、重要数据等数据及其结构标识，防止敏感信息的泄漏。所使用的数据处理类平台应具备权限管理、日志管理、安全策略控制、安全审计等能力，实现数据管理、使用和安全审计的权限分离，并保留相关日志不少于六个月。

教育数据安全职能部门应建立统一的数据清理、转换和加载流程，明确人员权限、操作和执行步骤，保证清洗、转换与加载过程中对数据的保护。针对个人信息和重要数据，建立数据清洗、转换与加载过程中的数据还原和恢复机制。

5. 教育数据共享及开放安全

教育数据共享与开放是指数据在组织、个人之间共享的过程，包括数据导入导出、数据共享、数据发布、数据交换监控等方面。

教育数据共享及开放应参照《N市教育数据分类分级规范（试行）》《N市教育数据共享交换管理规范（试行）》等要求，针对不同安全级别的数据实施相应安全管理措施，重点保护个人信息，特别是未成年人个人信息，需公开展示的个人信息应采取去标识化处理。

教育数据共享及开放应通过数据库表、文件或接口的形式进行，并通过相应安全策略保障共享及开放过程的安全。其中，对于共享100万条以上个人信息或10万条以上个人敏感信息应报N市教育网络安全和信息化领导小组办公室审核同意方可实施。

共享未成年人信息的,严格按照数据共享责任清单的范围,原则上不得向第三方共享未成年人数据,确需共享时应进行数据安全评估并签订安全责任书。除法律、行政法规规定和监护人的约定外,不得披露未成年人信息。

6. 教育数据销毁安全

教育数据销毁是指将符合销毁标准的数据彻底删除,并无法复原,以免造成信息泄露。教育数据销毁环节对数据安全管控要求包括存储介质管理、资源回收管理、数据销毁、销毁日志记录等方面。

在介质销毁前应对介质中的数据进行销毁处理,确保存储在介质中的数据无法恢复。数据销毁应根据数据的分类分级采用不同的数据销毁方式,销毁过程至少保证有两人在现场,并记录数据销毁的操作时间、操作人、操作方式、数据内容等相关信息。

相关教育组织单位应建立数据销毁效果评估机制,对已经完成数据销毁的存储介质进行抽样的销毁效果认定,以保证对数据销毁工具的持续改进和销毁方案的整体优化。同时,建立已共享或已被其他用户使用数据的销毁管控措施。

(三)明确教育数据从业人员安全保障职责与能力

教育组织应制定人员安全管理制度,明确不同岗位人员在数据生命周期各阶段的工作范畴和安全管控措施。对接触数据的人员进行授权、审批和登记,并签署保密协议,定期对人员行为进行安全审查。在重要岗位人员调离或终止劳动合同时,回收其因职务需要所持有或保管的数据及介质。应明确关键岗位人员安全能力要求,并确定其培训技能考核指标与考核内容,定期对关键岗位人员进行审查和能力考核。应制定安全教育计划,按计划对相关人员开展安全教育,包括政策、法律法规和标准等,并对教育结果进行记录和归档。

教育组织要明确数据安全责任人,督促落实教育数据安全管理制度,加强安全保障,确保数据在采集、归集、整合、共享、开放和应用等全生命周期风险可控。定期组织开展数据安全管理、操作流程、规范使用等专题培训,提高数据服务业务能力和服务水平。应落实数据生命周期全过程安全审查机制,建立日常检查、风险控制、应急处理、安全报告和灾难恢复机制,完善事故应急响应和支援处理等措施。应严格执行信息网络安全和保密等有关法律法规和政策规定，并按照国家技术规范和标准，落实各级信息化系统的定级、备案、安全建设和整改、信息安全等级测评、信息安全检查等管制措施。查找并排除信息安全风险和隐患，建立身份认证、存取访问控制、审计跟踪等机制，确保信息可用、完整、安全、保密。应加强数据归集、共享、使用时的安全保障工作，履行教育数据供需双方交换共享数据的保密协议。

第七章
N市教育数据治理实践案例研究

数智时代，数据正成为教育领域变革的核心驱动力，正在重塑教育的各个方面，从教学方法到学习评估，从教育管理到政策制定。随着教育数据量的激增，有效治理数据，确保其安全性、准确性、可用性、增值性正成为教育管理者、政策制定者、师生家长面临的重要课题。近年来，我国基础教育领域已经在区域、学校等各层级开始教育数据治理的实践探索，围绕教与学、教育管理、教育决策等教育职能，在教育数据的收集、存储、分析和应用上进行了一定的探索。本章将通过具体案例的分析，揭示教育数据治理在提升教育质量和效率方面的价值，分享区域教育数据治理实践的创新做法、经验教训，总结实施有效教育数据治理的关键举措。

一、市级区域数据驱动的精准化教学实践案例

"以大数据支持精准教学"是N市教育数据治理工程的核心内容，是N市教育数字化转型的重心。2023年1月N市启动该项目，37所学校参与，其中高中20所，初中17所，主要聚焦数据驱动的精准教学、数据支持的分层作业设计与改进、数据支持的校本研修等开展实践探索。

（一）系统推进区域精准化教学实践的策略

1. 以培训提升试点校项目负责人与教师能力

市教育局层面联合区教师发展中心、高中学校等围绕精准教学项目实施与推进，组织了精准教学项目学校负责人专题培训。培训邀请兄弟省份精准教学项

目负责人、高校研究者、一线学校卓越实践者等进行专题讲座，并就N市初高中精准教学实施的现状、问题等进行专题交流。以区域教育教学实践问题驱动，以高校研究者的理论创新更新理念，充分学习借鉴省、市、校不同层级精准化教学实践经验，为项目学校精准化教学的顶层设计与实践推进提供智力支撑。同时在项目推进中，围绕精准教学，各区、项目校组织教师外出参观学习累积100次，区级教研人员培训学习21次。

2.围绕精准化教学实践开展专题研修与阶段指导

为推动精准教学项目深入实施，市教研室、区教师发展中心等联合到试点校，围绕"智慧笔有效使用""精准教学与生物复习课""智学网在试卷讲评课中的运用""数智赋能精准教学""个别化教学指导"等系列专题，以课例观摩、学校汇报、专家指导和互动交流等研修形式开展研修，推动项目深入实施。

在项目推进中，采取分区调研、集中汇报等方式，及时了解项目进展成效、面临问题以及后续举措。通过交流，及时了解项目学校的实施进展、实施成效、存在的问题、突破重点、努力方向等，为项目学校的持续深入推进提供专业支持与服务，为项目学校的经验共享、协同共进搭建交流平台。

3.为精准化教学提供数字化环境支撑、经费支持与制度保障

N市从区域、学校等层面，结合学校已有教育数字化基础与需要，提供多样化的数字化环境支撑、经费支持、制度保障。

对基础较好的区域，由区域为学校精准化教学提供支持。如GL区提供了区域数字化学习平台，XW区开发了智慧作业数智平台，JBX区部署了智学网平台与作业管理系统，YHT区提供了多分平台与智学网等。部分学校自己独立建立了相关精准教学平台，配备了智学网、飚众精斗云、青鹿、学智云、极域智慧课堂、金陵微校、伯索融课平台、AI智能诊断教室、焦点智课堂等智慧课堂平台。市里提供通用数字化教学平台，部分学校购置了学科网、菁优网、悠数学、E听说（英语）、英文写作AI智能批改、攀登阅读等学科数字化资源与认知工具。部分学校配置了松果数字化教研平台、AI+U6精准教研平台，以及个别化指导教学等面向教师教学改进的平台。在此次精准化教学推进中，很多项目学校依次积极推进以未来教室、智慧教室为主的精准教学硬件环境，以及AI课堂分析等教与学数据分析平台建设，为学校基于多模态教与学数据的课堂有效性分析提供了

支持。

在经费方面，形成了市、区、校三级经费资助机制。除市教育局中学教育处给项目学校提供的专项经费支持以外，17所初中学校为推进精准教学项目自筹经费533万，20所高中学校自筹547.76万，各区教育局及教师发展中心等部门为本区项目学校自筹经费总计1306.3万。

与此同时，为了规范精准教学项目实施，提高项目推进成效，一些学校出台了精准教学保障制度，要求教研组、备课组的各类活动主题和活动形式均需与精准教学项目挂钩融合。从总体上明确借助信息赋能，实施精准教学的刚性要求，让学校的教学更加精细化和规范化。

4. 以项目校经验交流辐射全市

在项目推进中，典型示范方式不仅在校园内播撒教育创新的种子，更是通过各种形式的公开课、研究课和经验交流活动，辐射全市，成为推动全市教育创新的催化剂，使得教师们能够在分享和学习的过程中共同成长，推动了精准教学的深入发展。

项目校教师们积极响应，他们不仅在自己的课堂上实施精准教学，而且通过组织和参与公开课和研究课，将这种教学法的精髓传递给更多的教育工作者。这种教学方法的推广，得到了市、区两级教育机构的大力支持和参与。在市、区范围内，初中和高中的项目学校在区级以上层面共举办了291节研究课和264节公开课，有效地促进了教学方法的交流与提升。

除了内部的教学活动，项目校还积极拓宽视野，与其他学校进行了广泛的交流合作。在过去的一年中，初中项目学校共计55次外出参观学习，高中项目学校也有45次，这些活动极大地丰富了教师们的教学视野，也为他们提供了新的教学灵感。同时，区级教研机构也没有停滞不前，他们21次的外出参观学习活动，进一步推动了教育教学改革的深入进行。

这种从下至上，再从上至下的教育创新活动，不仅增强了各校之间的交流与合作，也为全市教育质量提升起到了积极的推动作用。通过这样的经验交流，我们可以看到，教育的力量是可以通过分享和合作来放大的，而这种放大后的力量，最终将造福每一个学生，让他们在这个充满活力和创新的城市中获得更好的教育体验。

（二）区域精准化教学多方面取得卓越成效

1. 形成系列显性研究成果并产生对外辐射效果

通过项目校实践发展，在论文发表、专题研讨活动、组织经验交流、专项培训等方面，项目学校和各区教师发展中心均取得了阶段性成效。在省级期刊上，教师发表与精准教学相关论文135篇，区教研机构人员发表54篇。

N市受邀参加浙江省第二届中小学精准教学论坛暨萧山区国家级"新型教与学模式"实验区成果展示活动，做"'双减'背景下课堂教学典型问题及数据驱动的精准教学"专题报告。受上海教育报刊总社邀请，参加了第二十届上海教育博览会高峰论坛"数字赋能教育高质量发展"专场的经验交流，为上海同行做了"智能时代教师数据素养认识理解及精准培育的多元路径"的经验分享。参加温州市教育局承办的"第四届长三角基于大数据的区域教育评价变革论坛"，XW区教育局、PK外国语学校、市教研室3个单位在论坛上进行了"数据驱动教育教学改进"专题经验交流。

2. 在数据素养提升中推动教师教学能力发展

通过项目，提升了教师教学评价能力，落实了教学评一致性。教师基于阅卷平台的数据分析，对试题的难度、区分度有了清晰把握，通过预估难度与实际难度的差异比较，引导教师反思命题的得失，持续不断增强科学命题、精准命题的意识。教师精准分析数据的能力不断增强，助力行政决策、教研指导和学科管理更加精当到位，使得教师对课堂教学的关注度进一步增强。基于"教学评"一致性要求，推动"听课评课活动"新方式，通过无接触、即时性、精准性观课评课，让观课评课的过程性资料以电子化形式保留，以便查阅、回看、分析，能有效帮助上课教师的业务提升。

教师探索信息技术与学科融合创新的积极性提高，主动实践精准化教学技术工具的意识、能力有显著提升，对信息化育人功能的认同感与日俱增。教师数据意识得到提升，教师运用大数据支持精准教学能力明显增强，数据收集能力、分析能力、应用能力得到提高，推动了教师主动地将数据运用到教、学、评、测、补等各环节中。学生在参与精准教学项目实践中，也充分享受技术和数据带来的便利，并促进了学生学习习惯的改变。

3. 促进学校教学数字化水平的不断提升

在项目推进中，不少学校依托精准教学项目，积极推进数字化学习环境建设，开展未来教室、智慧教室的升级改造，为精准教学提供硬件支持。并引进了AI课堂分析系统等平台，为基于多模态数据从多角度、全方面的课堂有效性分析提供支撑。通过多屏互动系统，保障学生课堂自主学习和合作学习的有效开展。部分学校利用市提供的智能作业平台进行课堂教学过程性的评价，用智学网的精准教学功能做实阶段调研的结果性评价。通过精准化教学项目，建立了适应学情的校本题库，使得教师获取教学资源，尤其是精品、优质资源的途径更快捷、更方便，教师集体备课、二次备课也更精准有效。利用点阵笔工具，积极尝试校本作业的过程评价实践。作业布置更加科学，自动采集作业数据，大大节省批改和统计工作量，有效减轻学生错误习题整理负担，从而更科学、及时地反映学情。教师通过学生作业答题数据的分析，精准落实薄弱点补救，为有效突破第二天教学重、难点奠定基础。

4. 在学校教学数字化转型中提升教育质量

通过精准教学项目的实施与推进，各项目学校学情考情分析，数据更加丰富，从主观判断到数据说话，工作和研判更理性，问题诊断更加精准。学生作业数据收集更加智能化，错题管理更加便捷，便于后续修订和复用；教师教学方式更加适切，练习难度把控更加适宜，作业布置更加个性，作业评讲更加有目的性。与此同时，教师直接调用评阅数据开展教学，个别辅导更基于个性数据。备课组基于过程数据的沉淀和积累，进行学业纵向分析和追踪，实施基于数据支持的校本研修。部分学校为家长提供了学生各科过程性学习情况的平台通道，方便了解孩子的学习变化情况。

很多项目学校基于信息技术的多样化实践，改变了教师过于注重接受式教学的习惯，在新的教学模式探索上形成了初步的体系，建构了"三力五学"课堂、"生长课堂"，形成了富有校本特色的课堂教学结构；教师善于利用技术工具采集数据，主动开展循证教学，积极探索教学质量提升的方法，基于数据驱动的精准教学已然成为教师自觉的行为。学生和家长普遍有强烈的获得感，部分学校在学科市、区质量监测和学情调研中质量进步明显，实现了课堂提质增效。部分学校明确表示，通过精准教学项目的实施，教师的课堂教学效率提高，部分学校的学业成绩也有了较大幅度的提升，推动了学科质量的持续改善。

（三）区域精准化教学推进中的问题与挑战

1. 精准教学项目的功能应用过于单一

从项目学校精准教学平台的选择来看，大部分选择了支持网阅网评的智学网系统。数据更多服务于阶段性学业测评、课后作业批改对错统计。目前教师较多地使用精准教学平台用于作业错题、考试分析和试卷评讲，一般的课堂样态更多的是复习课和试卷讲评课，新授课的教学实践不够丰富，数据在课型的应用上有一定的局限性。

2. 精准教学数据采集的来源不够丰富

目前，各项目学校精准教学数据采集形式主要是点阵笔、扫描仪、手写板、智慧教室平台、网阅网评等，但是常态化实施上还是存在一定困难。一方面是平板配置成本太高，另一方面是因为教育部的"五项"管理规定不允许手机移动端进校园，点阵笔采集数据需要工作前置，所有作业和课堂反馈练习需要现场打印或送印刷厂印制，备课组或教研组的教学准备就要关口前移，教师每天打印大量的练习和作业，一定程度上增加了教师的精力负担，同时也增加了学校作业和练习的经济成本。因此，需要突破当前数据采集方式的困扰，与企业联合，借力人工智能技术，寻找更便捷的数据采集终端。

3. 适合校情学情的校本题库相对匮乏

项目学校积极落实教、学、评、补的一致性要求，在课堂反馈训练、课后作业布置以及阶段性考试评价中，需要更多适切的反馈训练习题和测试题。但是，一些精准教学平台上习题资源比较单一、内容偏旧，不符合新版课程标准的要求，容易对学生产生负面导向。一些学校习惯于用教辅教，很多作业和试题都是现成题、模拟题，缺乏情境化导向，不符中考、高考命题的导向和考查要求。此外，有的学校现有自建题库缺乏统一的建设标准，试题更多的是在量上做积累，缺少标签定义，很多试题提供的分析信息显得比较单一，也制约了校本题库资源的深度应用。

4. 数据驱动的精准教学范式仍需提炼

精准化教学是信息技术与学科融合创新的重要特征，是推动课堂教学结构优化，建构新型教与学范式的主要抓手。目前，项目学校现有的课堂教学经验更多是碎片化的，缺乏整体性的建构。需要进一步加强基于数据驱动的课堂教学范式的凝练，提炼数据支持下的新授课、试卷讲评课、复习课等多种课型的精准教学范式，并制定相应的课堂教学质量评价标准，以此引导教师课堂教与学方式的变革。

5. 项目推进要与国家智慧教育云平台有机融合

目前，部分项目学校在资源建设方面还存在短板，自建能力薄弱，教学资源相对单一。国家中小学智慧教育云平台具有丰富同步的课程资源，能够在教师备课、自主学习、教师研修、家校交流、双师课堂、答疑辅导、作业活动、课后服务等方面提供优质资源支持。从项目学校的调研看，对国家中小学智慧云平台重视程度不够，认识上也存在缺位，主要原因是对国家中小学智慧云平台功能了解不足、研究不深、应用不够，因此，在国家智慧云平台优质资源的利用效率上，项目学校还有很大的提升空间，同时为精准教学项目的深化实施提供了更多的可能支持。

（四）区域持续纵深推进精准化教学的举措

1. 探索多终端数据采集路径，拓展学科极简工具应用

避免精准教学数据采集方式单一的不足，需要创新教与学相关采集手段和终端，努力为教师和学生提供更为便捷、精准、多元的数据信息，这样有助于把握教情，分析学情，为精准教、个性学、多元评提供技术支持。同时，要重视各学科智能工具优选，坚持极简主义的思想，筛选易用、好用、管用、有用的学科技术工具，以此便于学情分析，为精准化教学、个性化指导和显性化评价提供工具支持。

2. 加强题库建设标准引领，发挥校本题库个性支持

开展作业设计和校本题库建设的项目学校，要重视自建题库标准的规范，一方面要重视题库资源体系的顶层规划设计，另一方面要明确题库资源建设的标准，明确试题审核条件、试题的标签定义、试题更新机制，这样才能发挥校本题库的个性支持功能。

3. 强化榜样教师示范辐射，助力提升教师课堂技能

在项目推进过程中，学校要充分发挥核心教师的示范作用，借助典型课例引导同伴教师掌握精准教学的基本流程与实施方式，主动践行"教、学、评、补"一致性的教学要求。同时，在全市积极开展精准教学优质课竞赛、精准教学实施案例评选、项目学校牵头教师专题培训等特色活动，采取评价标准引领、评赛结合、骨干培养的方式，实现以评促建、以评促用、以评促改，从而有效提升项目学校教师的课堂教学技能水平。

4. 加强省际经验交流共享，开展精准教学论坛研讨

为推动项目学校之间的经验交流，学习典型学校，仿效先进教师，汲取不同地区精准教学典型经验，积极推动长三角地区不同城市间精准教学专题研讨。联合浙江、上海等地区的城市开展"长三角基于数据驱动的精准教学论坛"，分享典型经验，促进校际交流，实现协同共进。

5. 重视项目推进成果总结，超前谋划教学成果凝练

各项目学校要高度重视项目推进过程各类典型经验的梳理和总结，注意积累反映项目推进成效的相关实证数据或典型案例。同时加强国家基础教育优秀成果奖评选标准的学习，重视原创新成果的发掘，超前谋划项目学校教学成果选题，优化项目成果的表达方式，邀请高校学者和教研专家做好项目学校优秀教学成果的凝练指导与专题培训，力争项目学校在新一轮省级基础教育优秀教学成果评选中有成果入围并获奖。

二、区级教育数据大脑的实践探索案例

N市XW区以省智慧教育样板区培育区为抓手，积极探索推进区域教育数据大脑建设，提升基于教育大数据的数据治理能力和综合服务能力，创新数据驱动的决策机制，并构建一个面向全区的数据可视化"一张图"教育治理图谱，从而提高教育决策的有效性和服务的精准性。

（一）以"数据育人"为中心建设数据大脑

"XW区教育数据大脑"的建设以促进教育治理转型为旨归，即强化教育数

据的治理与服务能力，通过数据辅助决策，实现精准管理。运用数据可视化技术，精心绘制全区教育治理的"一张图"，为决策层提供全面、直观的数据支持。紧密围绕"数据育人"，利用数据的客观性和精确性，系统记录和分析师生成长的轨迹，从而实证评估教育改进的实际效果，并据此满足个性化的教育需求。通过完善"区域教育数据大脑"推进教育治理现代化。

XW区教育数据大脑建设如图7-1所示，围绕教师成长、学生发展和区域治理三大领域，探索数据育人的实施路径。项目聚焦于八个关键要点，通过数据收集与分析，为教育决策提供科学依据，推动精准管理和个性化服务，形成具有区域特色的"数据育人"新模式。

图 7-1 XW区教育数据大脑建设思路

（二）数智赋能教师专业成长

1."数智课堂诊断"赋能教研转型

2023年底，XW区启动"数智课堂诊断"项目，旨在基于本土化教学理论和多维课堂教学分析，实现对课堂教学的切片式评价，推动教研数字化转型。

通过100间常态教室迭代升级，1000节优质课堂教学视频作为分析对象，为XW区"新三学"课堂精准画像（如图7-2所示）。教师通过上传教学录音录像至平台，获取大数据分析报告，用于自我反思和改进，并分享交流，促进专业成长。

图 7-2 XW 区"新三学"课堂画像模型

系统能够对课堂教学进行深度测量，形成"教师主导""学生主体""目标达成"在内的三大模块共九大核心指数和"学习兴趣""学科自信""学科素养"三项教学质量检测指数。分析报告中包含"课堂概要""互动交流""思维激发"近300个细项指标的大数据分析报告，全方位诊断教师课堂教学情况。此模式形成循证的教研转型路径，包括录制、个性化诊断、自我改进、校本研修、专家指导和深度研讨，最终凝练教研成果（如图7-3所示）。

图 7-3 课堂教学分析模型

2."数智视导"赋能督导转型

2024年2月，XW区启动"数智视导"项目，涵盖教育局和督导室的7种视导场景（如图7-4所示）。自2月21日数智视导模块上线，全区已完成35次视导活动，听课1534节，实现对全区学校全学科的全覆盖。这一举措不仅促进了教育工作者深入课堂，还助力于课堂问题的及时发现、精准聚焦和有效解决。通过综合日常视导、专项督导、优质课评比、常态课随诊、校本课堂建构、校本研修推进、学校教学管理等多维度的评估，进一步提升了教学质量和教育服务水平。

图7-4 基于系统的督导模式

3."互联网+研学"赋能研修转型

2023年底，XW区启动"互联网+研学"项目，建立了一个集阅读、思考、表达、写作于一体的教师研修平台，服务全区约3000名教师。该项目通过提供全方位的知识管理和智能工具，提升了教师的知识利用率和研修效率，实现了教师的智能化与个性化专业成长。同时，开展以"数智引领，研备创新"为主题的"'互联网+研修'赋能集体备课展示"活动，4所学校3门学科的备课组组长就"期待怎样的'互联网+'技术""'互联网+'技术为教师带来了哪些成长"两个话题展开了研讨，并分享了经验。

（三）数智赋能学生全面发展

1. "数智体育"赋能学生健康成长

XW区启动"区数智体育"项目，覆盖全区6大教育集团12所中小学，利用人工智能和大数据打造智慧体育教育环境，形成"区—校—生"三级互联互通、"共性化+个性化"分层管理的数据智慧服务体系（如图7-5所示）。

图7-5　智能体育项目

学生可以从9个项目（跳绳、立定跳远、引体向上、仰卧起坐、深蹲、蹲跳、开合跳、左右跳、高抬腿）进行个性化选择，系统为学生提供个性化的运动监控、训练与干预指导，让学生可以更好地提高测试成绩及运动技巧，助力学生成长。教师可以根据平台数据对学生进行个性化教学，提高每一位学生的体育获得感。

2. "数智作业"赋能个性化学习

XW区启动"数智作业"项目，通过深入的调研和分析，梳理当前作业管理中存在的问题与痛点，明确数智作业平台的建设目标、功能需求和实施步骤，确保了数智作业平台建设的科学性和系统性，全面收集分析日常和阶段性作业数据（如图7-6所示）。

目前覆盖了全区27所学校、262个班级、10693名学生。教师共计使用平台布置作业3757次，作业批改137156份。累计创建区本试题243434道，各校积极开展校本资源建设，创建校本试题23456道。此项目促进了教师之间的资源共享和交流合作，借助数据驱动的先进教学模式，让教师精准掌握学情，给学生提供个性化指导，提高教学效果，并激发学生学习兴趣，增强其自主学习能力。依托数智作业平台，家长可轻松触达学生学习情况，降低家校沟通的时间成本和精力成本。通过平台高频错题的自动整理、薄弱知识点的微课推送，减轻家长在家的辅导负担，提升学生的学习效率。

图7-6　XW区数智作业平台

（四）数智赋能区域治理科学决策

1. 数据中台赋能集约管理

大数据环境下，整体现象的理解和把握需要通过对数据内部相互关系和非线性效应的深入研究，而非仅仅关注单个数据元素的行为。据此，我们通过建立数据模型和算法，深入挖掘和分析数据之间的内部相互关系和非线性效应，以全面理解和把握整体现象。

XW区构建了教育数据大脑和数据中台，以此分析区内教育相关大数据，如生源流向、学生视力健康和身心健康等，以大数据驱动教育领域决策，推动数字化教育全面覆盖和提质增效（如图7-7所示）。

图 7-7　XW 区教育数据大脑中台

2. "数智 OA"赋能决策高效

XW区推进实施了"公共数据确权授权机制",完成了教育OA(教育公文管理)系统架构设计。目前已为XW区近5000名区属教职工及区教育机关单位工作人员提供数据服务,极大推进了"组织架构同步、公文上下协同、资源网络贯通"的实现进程。自2024年3月25日正式上线以来,日均处理公文15件以上,累计处理公文达699件,显著提升了科学决策的效率和质量。

XW区教育系统公文管理系统接入"我的N市(政务版)"移动办公平台并同步XW区教育平台(现有系统)的组织架构和人事信息,实现XW区教职工人员通过一个移动办公平台进行移动办文、移动审批、移动收文、公文查阅、通知公告等操作。

3. "数智师资分析"赋能师资队伍建设

2023年12月,XW区启动"区数智师资分析"项目,建立"师资分析大脑",通过数据分析建模,为教师提供个性化发展诊断和方向规划。同时,建立预警系统,形成"预警—改进—评价"的工作闭环,以主动监控师资结构和教师发展,确保及时干预和改善(如图7-8所示)。

图 7-8　XW 区数智师资分析截图

三、区级数据赋能智慧作业实践案例

中小学生负担过重是长期以来困扰基础教育事业发展的顽症，影响国家教育方针的贯彻、素质教育的实施和学生的全面发展。2021 年，中共中央办公厅、国务院办公厅印发了《关于进一步减轻义务教育阶段学生作业负担和校外培训负担的意见》（以下简称"双减"），强调健全作业管理机制、分类明确作业总量、提高作业设计质量、加强作业完成指导等明确要求。为落实"双减"，以作业数字化改革推动数字赋能"双减"，PK 区结合教育发展实际情况，统筹建设了 PK 区数字智慧作业平台，面向 14 所中小学开展"区校一体化数智作业"新模式，积极探索创新多样化作业模式，真正实现各校作业高品质出题、作业系统量化评估、作业布置减量提质、区校学情精准分析、区校作业数据治理，实现对学生个体作业的精准纠错、科学评价，为教育决策提供支撑。

（一）区级推进智慧作业的系列举措

PK 区在智慧作业推进中，通过顶层设计、区域统筹，部门联合、协作共进、数字驱动、减负增效，模式探索、长效推进等方式，推动高质量作业在区域的全面铺开。

1. 区域顶层设计统筹推进

为改变原来学校单打独斗的模式，PK区统一顶层设计，整体规划，多部门联合协作，持续推进智慧作业发展。

由区教育局主导，解读"双减"政策对作业管理的要求，解读教育数字化转型的精神，以政策促进PK智慧作业向深度推进。

教研室负责平台的策划研制，从作业内容、形式、完成度、难度、批改量等角度出台相应的方案、指导意见，特别是对教师的目标意识、作业的融合设计、学生的共同参与、评价的创新方式等方面进行深入指导。

区信息中心负责技术保障，统筹建立作业一体化平台，从品质题源、作业采集方式、作业智能化批改、多维度学情反馈、精准化讲评、区域监管督导等方面提供支持保障。

中小学校负责平台的实践创新应用，贯彻落实数智作业的各项工作，根据学校师生的情况，创新性地进行流程再造、应用实践。

2. 以作业的减负增效为目标

PK区明确提出建设智慧作业系统，教师通过"线上作业+线下作业"的模式无缝布置作业，在智能终端批改作业，并在学情集采的基础上，阶段性布置个性化作业，减少无效的作业布置，提高整体教育教学质量，逐步形成了"形成性练习—学情刻画与分析—精准化讲评—个性化辅导"的教学模式，达到"以点带面，全面开花"的效果，促进校内作业质量的提升。其中四所学校开展市局大数据背景下的精准教学项目的研究，为教师常态化教研、精准教学提供有力的信息化支撑。

3. 形成区校协同的长效推进机制

PK区在项目推进中，形成围绕智慧作业系统应用的定期汇报研讨会制度，区教师发展中心主任，以及区内各应用校教学校长、主任和学科组老师参加，每个学校汇报使用情况及遇到的问题。两年内，共计培训12场。

在研讨中发现，部分学校存在区本作业不适配学校学情，导致作业实际使用数据不理想等问题。通过调研和研讨，围绕区本、校本作业的协同问题听取学校意见，最后形成区本作业与校本作业协同创新与长效推进机制。各校基于本校学情、考情，进行个性化校本题库的搭建，提高资源的针对性、有效性和精准性，初步形成区校两级作业生态体系（如图7-9所示）。

图 7-9　PK 区校两级作业生态体系

（二）区级智慧作业系统功能设计

项目从作业统筹管理切入，以高质量作业资源库为基础搭建区校本高质量作业平台，聚焦多场景作业布置，以作业数据采集、分析为牵引，着力于学生作业减负提质和个性提升；以数字化改革助力教师提升作业设计、精准讲评、精准教学等能力，提升教学效率与质量；让区域的优质试题资源成果能够得以沉淀、传承、持续更新，从源头上提升作业质量，从而为学校落实推进"双减"、进行科学指导与决策提供分析支撑。该项目切实为师生减负增效、师生素养提升、高品质校园建设积累建设经验，形成辐射周边乃至全国的教育现代化建设标杆。

1.高质量资源建设功能

智慧作业系统支持构建高质量区校本精品资源库，从源头上提升作业的质量。针对老师普遍遇到的试题不新、好题难找、分层作业设计难等问题，提供紧扣新课标的高质量作业库。涵盖知识点、学科能力、难易程度、核心素养、命题情境等20多个维度标签体系，提供小初全学科6000多万道试题、260多万套试卷。支持区域教研室集结骨干教师加强作业设计，通过精选、改编、创编符合本地学情的作业库，提升作业有效性。同时建立资源共建共享激励评价机制，使得作业成果可沉淀、可分享，质量可跟踪。

2.科学化作业布置功能

智慧作业系统支持高效布置分层、弹性作业，提升作业有效性、针对性。系统根据历次学情相近和能力发展相似原则，实现班级学生动态分层，并基于高质量分层作业库，实现试题的科学匹配，从而帮助老师高效布置"一卷多层"的弹性作业、"多卷多层"的分层作业，助力学生实现章节重难点和薄弱点的针对性巩固与提升。

3. 全场景学情采集功能

基于智能扫描仪，不改变纸质作业习惯，智慧作业系统实现纸质作业学情数据常态化采集。针对日常作业、弹性作业、分层题卡作业，老师只需红笔批改解答题，批改完成后老师或课代表通过智能扫描仪一键扫描，即时生成作业分析报告。相对传统扫描仪，智能扫描仪无需连接电脑，操作更加便捷、高效，开机免登录，一分钟即可完成一个班级的学情采集。

4. 多维度学情分析功能

智慧作业系统通过作业学情数据采集分析，生成班级、学生个体的单次与阶段性的多维度学情诊断分析报告。在课前、课中，老师可通过学情分析报告，了解班级薄弱知识点、高频错题等，及时调整教学内容和策略。在课后，老师基于学生个体差异，对学生进行针对性辅导，实现因材施教。在自主学习环节，学生可以依据系统提供的学习路径规划以及推荐资源，开展个性化学习。此外，系统提供"区校两级作业数据督导看板"，方便区域全面了解各校作业实施详情，作业数量、作业时长、设计质量、批改情况一目了然，便于开展作业的督导管理工作。

（三）区级智慧作业系统应用成效

1. 推进全区作业智能化改造

目前，PK区已在14所中小学的数学和英语学科进行了数智作业的常态化使用，其中小学面向五年级的数学和英语学科，初中面向七年级的数学和英语学科以及八年级的数学学科。应用班级共计86个，覆盖教师共计93人，覆盖学生共计3744人。作业布置1889次，合计80726份，周均布置次数143.11次，班周均布置次数1.66次/班。逐步挖掘了学生作业数据价值应用场景，其中一个学期作业数据采集69210份，采集率达85.73%，作业讲评292次。

PK区逐步构建了符合本地学情的区域数字化资源平台，共计处理区教辅4本、区本试题203063道、校本试题12935道、作业错题库3359道，基本实现了区域优质资源的沉淀和更新，帮助各校基于区本资源开展更优质的作业设计。基于区校本资源库优化作业设计并助力教学更精准，该区一学期开展同步作业1889份。

2.智能作业平台提升教育教学质量

PK区在项目推进过程中，强化学校教育主阵地作用，依照高质量、实效性、共享性、特色化的原则，通过建设区校本高质量资源、鼓励各校积极探索多元作业新样态以及统筹管理督导作业开展，帮助教师高效设计出符合课程标准、适用于当前学生群体学习发展情况的作业，并基于实时的作业数据采集反馈，帮助教师精准教、精准辅，提升教学质量；帮助学生练得少、练得精，有效缓解学习压力；同时有效促进区校作业管理机制落地，持续推进PK区教育优质均衡发展。

PK区通过作业模式的实践探索，开辟了教师减负、学生提质、学校增效、治理升级的新局面。通过数字智慧作业系统的普及应用，打破地域和资源限制，实现优质作业资源的均衡，使教师能够更精准地把握学生的学习情况，为学生提供更加个性化的教学服务。

第八章
智能时代教育数据治理的发展趋势

在智能化迅速发展的时代,生成式人工智能的进步不仅仅是技术层面的革命,更是社会各个领域变革的催化剂。人工智能和数据治理之间的关系非常密切,数据作为智能教育的基础核心要素之一,它不仅是智能教育系统的基石,更是确保教育质量和效率的关键。数据质量无疑是构建高质量智能教育体系的基础,优质的数据可以为机器学习模型提供丰富的训练材料,训练出更加准确、更具预测力的模型,这对于教育领域来说,意义重大。同时,人工智能应用在教育数据治理中,帮助自动化数据管理、隐私保护和数据安全等方面的工作[1],能够极大地提高数据处理的效率和安全性。人工智能和数据治理相辅相成,共同推动着教育决策的创新和发展。

一、人工智能对教育数据治理的挑战

人工智能的介入,为教育数据治理提供了新的技术支持和方法路径,使得数据的处理更加智能化、自动化,极大提升了教育数据治理的效率和效果。与此同时,教育数据治理的重要性被进一步放大。它不仅有助于提高教育决策的科学性和精准性,还能通过大数据分析来预测教育趋势,优化资源配置,提升教育质量和教育治理的智慧化水平。

---

[1] 田贤鹏.隐私保护与开放共享:人工智能时代的教育数据治理变革[J].电化教育研究,2020,41(05):33-38.

（一）人工智能对教育数据治理的影响

在智能时代下，教育数据治理面临着前所未有的变革和挑战。随着大数据分析和机器学习等人工智能技术的快速发展，教育数据治理的内涵、治理重点、治理策略以及发展趋势都发生了显著的变化。教育数据治理的发展必须与时俱进，适应人工智能技术的发展趋势，以实现教育领域的持续创新和高质量发展。

首先，人工智能技术的发展极大地扩展了教育数据的收集、存储、处理和分析能力。大数据分析技术使得从教育系统内外的海量数据中提取有价值的信息成为可能，这些信息包括学生的学习行为、教师的教学方式、教育资源的分配与使用等。机器学习算法的应用进一步加大了对这些数据的分析力度，能够预测学生的学习成效、优化教育资源配置、定制个性化学习路径，并为教育决策提供精准的数据支持。

其次，人工智能技术的应用推动了教育数据治理的重点从传统的数据管理和保护，向数据的智能化利用和服务拓展。数据治理的核心目标不再仅仅是确保数据的安全和完整，更重要的是通过智能化手段，实现数据的价值最大化。这要求教育数据的处理与分析不仅要满足监管的要求，还应服务于教育的个性化和精细化。

再次，人工智能技术的引入也对教育数据治理提出了更高的要求。数据的质量、安全、隐私保护和使用合规性成为治理的新挑战。例如，数据集成、数据清洗、数据融合、数据标准化等过程都需要借助先进的技术来实现。同时，随着个人数据保护法律法规的日益完善，如何合理利用教育数据，同时保护学生和教师的个人隐私，也成为教育数据治理的重要议题。

最后，人工智能技术的快速发展也在推动教育数据治理的发展趋势向智能化、自适应化和开放化转变。智能化体现在使用人工智能技术优化数据治理的流程和决策支持。自适应化体现在能够根据教育环境的变化和数据的新特征，自动调整数据治理的策略和措施。开放化体现在教育数据的共享和交互，通过开放的数据平台，促进数据的共研共享，为教育的创新发展提供动力。

（二）对数据质量与数据形态提出更高要求

数据、算法、算力是人工智能的三大基本要素。人工智能，尤其是生成式人工智能的发展及其在教育领域的应用对教育数据治理提出了更高的挑战。

1. 对高质量数据的要求

人工智能系统依赖于高质量、准确和一致的数据来做出决策和预测，尤其是生成式人工智能，更需要高质量的数据来训练和优化模型，数据的质量直接影响其生成内容的准确性和可靠性。如果教育数据治理水平不高，导致数据不准确、不完整、重复、过时或偏差等，会直接影响教育人工智能系统的性能和准确性，生成式人工智能可能会生成误导性的内容，从而可能为教育管理者、教师、学生提供错误的决策支持[1]。因此，必须通过高水平的数据治理，提供高质量、多形态的教育数据支持，提高数据的准确性、完整性、一致性等，这对于训练高效、可靠的AI模型至关重要，高质量的数据输入能够显著提升模型的性能和输出的可信度。

2. 对多类型数据的需求

生成式人工智能需要处理多种类型的数据，包括文本、图像、音频等，这要求数据治理能够支持多种数据类型，并确保它们的质量和一致性。近年来，多模态数据在教育领域的应用越来越广泛。利用多种数据源（如文本、图像、音频和视频）的组合，可以更全面和精确地评估学生的学习情况，如分析学生在完成任务时的语音、视频和手写输入，可以评估他们的理解程度和问题解决能力。基于这些数据的反馈，可以帮助学生识别薄弱环节并改进学习策略，可以为学生提供更丰富和全面的学习体验。不过，当前我国教育数据治理的类型主要还是以文本数据为主，其他类型教育数据的采集、处理、分析与挖掘尚未得到广泛重视与推进。

3. 对数据整合与全生命周期管理的要求

大数据是AI模型训练的基本要求，采用系统化的方法来整合不同来源的教

---

[1] 兰国帅,杜水莲,宋帆,等.生成式人工智能教育:关键争议、促进方法与未来议题——UNESCO《生成式人工智能教育和研究应用指南》报告要点与思考[J].开放教育研究,2023,29(06):15-26.

育数据，并能基于数据从生成到销毁的整个生命周期进行管理，一方面能够使得AI模型访问到全面和多样化的数据集，有助于提高模型的泛化能力和适应性；另一方面，全生命周期的数据治理确保AI在数据使用中是受控和管理的，避免数据冗余和过期问题，保持数据的新鲜度和相关性。

（三）对教育数据安全与隐私保护的挑战

1. 人机对话中的数据隐私安全问题

用户与生成式人工智能大语言模型对话的过程，就是个人信息被广泛收集的过程。当用户提问时，可能会暴露并不想公开的个人信息。随着越来越多的行业和领域接入人工智能生成式大语言模型，数据泄露和合规风险日益突出[1]。无论是市场主体、学术机构还是政府机关，在使用大模型时，都不可避免要与其分享某些信息，从而存在巨大的泄露商业秘密甚至国家机密信息的风险。作为生产要素的数据一旦泄露，将给各行业带来巨大的经济和声誉损失。OpenAI不得不在官网提示："请不要在谈话中分享任何敏感信息。"事实上，在要求生成式人工智能回答问题或执行任务时，用户不经意提供的信息可能被用于模型的训练、学习和改进过程，从而被置于公共领域。这不仅可能会侵犯用户的个人隐私，还可能泄露他人的信息。此外，生成式人工智能也可能将其与其他数据结合在一起进行挖掘分析，从而推断出关系国家安全、公共安全、个人和组织合法权益的情报信息。基于大语言模型的生成式人工智能是将数据作为"生产材料"，生成新的"数据"。所以，即使其所处理的数据包含敏感信息，有时也很难发现，这对数据隐私和安全提出了更高的要求。

2. 智能教育应用中可能出现的偏见和公平性风险

生成式人工智能本质上是利用算法对海量数据进行处理，算法是其关键。但由于算法本身尚无法对训练数据进行核实，无法避免社会偏见和价值观倾向。常常由于初始算法与训练数据中存在性别、信仰、政治立场、社会地位等偏见，导致所生成的内容看似准确，实际上却存在偏差，甚至可能放大这些偏见，从而产生错误或误导性的信息。由此使得其生成的内容或提供的决策固化

---

[1] 支振锋.生成式人工智能大模型的信息内容治理[J].政法论坛,2023,41(04):34-48.

偏见和歧视，产生新的教育不公平，这对数据治理提出了消除偏见和确保公平性的要求[1]。

3. 对生成内容的治理成为新要求

因为人工智能自身存在有问题的算法，可能被引导生成违反科学规律、法律法规的"毒性"内容。伴随着生成式人工智能的广泛应用，用户生成内容的巨大增长不仅对可用的物理内存记录空间造成压力，更重要的是，将造成有害或不良内容的高速膨胀和大量传播。生成式人工智能可能编造虚假信息，其输出真实信息与虚假信息相互掺杂的低质量信息，有可能误导、干扰个人决策和日常生活，甚至引发社会骚乱，产生更危害的后果[2]。

（四）对教育数据治理过程的高要求

生成式人工智能的发展对教育数据治理流程提出了更高的要求[3]。生成式人工智能对数据的调取更为频繁，同时也会产生新的数据，需要更频繁的数据更新、更灵活的数据处理方式等，传统的数据治理流程可能无法满足生成式人工智能的这一需求。因此，数据治理需要适应生成式人工智能的特点，优化治理流程，提高治理效率。[4]

1. 建立更加灵活的数据处理流程

生成式人工智能需要灵活的数据处理流程来支持其不断地学习和生成过程。数据治理需要提供灵活的数据处理流程，包括数据清洗、转换、集成等，以便生成式人工智能能够快速获取所需的数据。

2. 提高跨领域的数据整合能力

生成式人工智能的应用场景广泛，需要整合多个领域的数据。因此，数据

---

[1] 乐洁玉,罗超洋,丁静妹,等.教育大数据隐私保护机制与技术研究[J].大数据,2020,6(06):52-63.

[2] 刘梦君,姜雨薇,曹树真,等.信息安全技术在教育数据安全与隐私中的应用分析[J].中国电化教育,2019(06):123-130.

[3] 程乐.生成式人工智能治理的态势、挑战与展望[J].人民论坛,2024(02):76-81.

[4] 钭晓东.论生成式人工智能的数据安全风险及回应型治理[J].东方法学,2023(05):106-116.

治理需要具备跨领域的数据整合能力，能够将不同领域的数据进行整合和关联，为生成式人工智能提供全面的数据支持。

二、人工智能促进教育数据治理的智能化改造

人工智能技术的发展，不仅仅对数据治理提出了更高要求，同时也逐渐借助自动化和智能化工具来提高教育数据治理的效率和准确性，更好地应对大规模数据管理的挑战。智能时代的教育数据治理需要不断适应新的挑战和变化，整合创新的技术和方法来确保数据的质量、安全性和合规性。

（一）以人工智能提升教育数据质量

1. 以人工智能实现对教育数据质量的自动化改进

生成式人工智能可以自动化地识别和纠正数据中的错误、不一致和缺失值，通过语义分析以确保数据的一致性和准确性，从而提高数据的整体质量。还能够快速、准确地对大量文本数据进行分类和标注，从而简化数据预处理步骤。这对于处理海量教育数据尤其有用，能提高效率并降低人力成本。

2. 以人工智能提高数据处理与应用效率

生成式人工智能能够支持自然语言查询，使得非技术人员也能方便地从数据中心中提取信息，大大降低了对专业数据分析师的依赖，提升了对教育数据的利用效率；能够自动化生成各种报告、合规文档和数据描述，从而节省时间并确保数据处理的准确性和一致性；能够帮助整合不同来源的数据，确保数据的统一性和一致性，提高跨部门、跨系统的数据共享与价值挖掘；能够帮助识别和标记敏感数据，确保数据隐私和合规性；能够从数据治理过程的反馈中学习和改进，通过不断的学习和优化，帮助教育组织持续改进数据治理实践，提升数据管理的效率和效果。

（二）以人工智能丰富教育数据服务类型

1. 构建基于组织数据的垂直领域智能教育助手

各级教育组织可以应用大语言模型，以组织内部大数据为学习对象，建立

自己的智能助手，以从大量数据中提取有用的信息，根据上下文进行关联，从而更有效地管理和利用内部知识库，帮助教育组织更好地进行知识管理和教育决策支持。

2. 建立基于用户行为分析的个性化教育数据服务

生成式人工智能是基于人机对话而提供生成服务，所以AI可以分析用户交互数据，帮助教育组织理解用户的行为和需求。这不仅能优化教育数据治理策略，还能提升用户体验，推动教育数据服务的优化，提升用户个性化教育数据服务体验。

3. 以人工智能丰富教育数据服务类型

生成式人工智能能够从历史数据中提取趋势和模式，进行预测分析，帮助教育组织进行风险管理、趋势预测和战略规划；能够自动从大量数据中提取有用信息，支持教育组织进行数据驱动的决策，例如可以根据学生的学习历史、兴趣和表现，生成个性化的学习路径和推荐资源，以帮助每个学生根据其独特需求进行学习，提高学习效率和效果；能够根据学生情况，动态调整学习内容和难度，实时响应学生的学习进度和反馈，提供个性化的学习体验；能够即时分析学生的作业和考试结果，生成个性化的反馈，帮助学生了解自己的薄弱环节并进行改进；能够作为虚拟导师，解答学生在学习过程中遇到的问题，提供详细的解释和指导，类似于一对一的辅导；能够根据学生需求，自动生成各种学习资源，如练习题、测验、讲义和教学材料，减轻教师的工作负担，提高资源与学习者的匹配性；还能够处理和分析大量的教育数据，揭示学生的学习模式和趋势，预测学生的未来表现，帮助教育组织制定更有效的教学策略，帮助教师提前识别和干预潜在问题。

三、智能时代教育数据治理的发展趋势

数据治理对生成式人工智能至关重要。输入数据的质量、合规性和安全性，为模型训练提供了可靠基础，使生成结果更准确、可靠。同时还需要对生成式人工智能所生成的内容进行管理与质量监测，以实现其在各领域的有效应用。生成式人工智能的教育应用，对教育数据治理中的安全与隐私保障、伦理规范提出了新的要求，需要出台新的政策法规，对生成式人工智能平台为学习者提

供生成文本、图片、音频、视频等内容的服务进行规约。目前我国在AI监管和治理方面，已经明确了发展与安全并重、创新与伦理并行的思路，在支持、促进人工智能发展和创新的同时，还在保障技术应用的安全、可靠、可控等方面做出了探索。

（一）以对数据源及合规性使用的管理实现对教育人工智能的监管

数据是AI教育应用与生成式人工智能的根基所在，对人工智能数据来源及其合规性使用的管理，是实现对AI教育应用治理的基础。因此，一方面，需要基于现有的数据治理规范，如《中华人民共和国网络安全法》《中华人民共和国数据安全法》《中华人民共和国个人信息保护法》，以及《教育系统核心数据和重要数据识别认定工作指南》《教育部机关及直属事业单位教育数据管理办法》等，对教育人工智能所使用数据进行合规性管理，确保生成式人工智能在使用、处理和生成数据时能够遵守相关的隐私法规和标准，保护个人隐私和敏感信息，避免法律风险；另一方面，人工智能是基于已有数据而生成"新数据"，可以通过对其"原材料数据"的来源、变更和使用情况的追溯，以实现对生成"新数据"的治理，同时也有助于理解AI模型的决策过程，提升模型的透明度和可解释性。

（二）出台生成式人工智能应用的专门治理制度

海量数据是大语言模型发挥作用的前提，而算法是影响生成结果的关键。仅通过数据治理，无法保证人工智能在教育领域的合规性应用。所以智能时代，教育数据治理需要确保模型的开发和应用的过程符合相关法规，并且在使用过程中持续监控合规性；需要政府和监管机构制定新的政策和法规，对人工智能教育应用中的数据隐私、版权、内容安全等方面做出规定，确保人工智能生成内容（AIGC）的合规性和安全性，规范AIGC的开发、应用和传播。

事实上，科技与产业界已经有不少人对生成式人工智能表现出警惕。他们认为，人工智能系统可能对人类社会构成深刻风险，没有人能够理解、预测或控制大模型，要按下开发暂停键，大幅加快人工智能治理，对人工智能研发做出监管。欧盟正就生成式大语言模型这类通用人工智能的监管问题调整人工智能法案，考虑要求OpenAI接受系统性能、可预测性和安全性设置可解释性的外部审计。按照欧盟人工智能法案构想的监管框架，生成式大语言模型因有可能创造有害和误导性的内容，将被划入高风险范围内，受到严格监管。美国政府宣布要进一步推动美国在人工智能领域负责任的创新，将对现有生成式人工智能系统进行公开评估，评估是否符合人工智能权利法案蓝图和人工智能风险管理框架中的原则和做法，以促进人工智能开发商及时采取措施解决问题。

2021年12月31日，我国四部委联合发布《互联网信息服务算法推荐管理规定》，对算法推荐服务进行监管，开启了算法治理的法治化进程。2022年11月，三部委联合发布《互联网信息服务深度合成管理规定》，针对利用深度学习等生成合成类算法制作文本、图像等网络信息的技术，对篇章生成、文本风格转换、问答对话等生成或者编辑文本内容的技术进行监管，为生成式大语言模型的应用提供了基础性规则。2023年7月，国家互联网信息办、教育部等七部委联合发布《生成式人工智能服务管理暂行办法》，从数据使用、个人信息收集、内容生成、内容提示标注等全流程对生成式人工智能服务提出了一系列监管规定。

（三）建立对大语言模型教育应用中的偏见校正与迭代改进机制

大语言模型所使用的训练数据基本是人类的语言文字表达，且其规模巨大。因此模型捕获、习得训练数据中的偏见和歧视是必然的。除了训练数据，算法在设计选择、自主学习、用户交互、应用部署等环节也可能产生歧视。大语言模型的自主学习和持续迭代可能把训练数据中的偏见和歧视固化在模型中并进行放大，从而陷入歧视性的反馈循环。并且由于模型的不透明性和不可解释性，这将使得减少、消除模型中的算法歧视变得更加困难。事实上，目前一些生成式AI应用已经展现出了性别、年龄、种族、职业、宗教信仰、身体残疾等方面的歧视，带有偏见的教育大语言模型可能会将学生学习与教育发展引入歧途，如何消除大语言模型教育应用中的歧视、偏见是其治理的难点。

针对这一问题，一方面，我们的教育数据治理需要采集更加多样化、多群体代表性的数据集，确保数据来源涵盖多种人口统计特征和社会背景。同时需要详细记录数据的来源和收集方法，以便审查和评估数据偏见的潜在来源。另一方面，需要开发和实施检测和纠正模型偏见的方法，识别和移除可能包含偏见的训练数据，减少注释过程中的人为偏见，使用和开发模型解释工具使得模型的决策过程透明化，从而便于识别和纠正潜在的偏见，以确保模型输出的公平性和无歧视性。与此同时，智能教育应用在部署后，需要持续监控其性能和行为，以及时发现和解决模型性能下降、偏差增加，及时发现和纠正新的偏见问题。

（四）建立社会企业责任与个人积极参与的多元共治机制

数字化行业因其本身技术的复杂性而具有极强的专业性，所以数字化行业的治理过程，虽然政府和国家的支撑作用不能忽视，但科学社群、技术社群的作用也同样重要，特别是生成式人工智能作为新技术、新产业，背后复杂的算法世界和技术发展往往领先于日常生活世界，不可能立即被监管部门、社会大众所充分理解。它所蕴含的发展潜力，与潜藏的风险也并非一目了然。所以对新兴技术的发展，很多国家往往秉持多元治理、社会共治的理念，动员企业、社会充分参与，也为新技术、新应用的发展预留广阔空间。

生成式人工智能大模型已经展现出了爆炸性和革命性的潜力，作为生产力工具赋能千行百业，很可能为将来的技术创新、产业跃升、社会治理、个人福祉带来巨大益处，甚至成为国家综合竞争力的一个重要因素。生成式人工智能的发展及其在各方面的应用治理，首先应支持和扶持大模型的开发与部署，同时强化企业的社会责任，规范数据处理和个人信息保护，确保人工智能模型的开发和应用符合道德和伦理标准，促进算法向上向善。其次，我们要深刻认识到生成式人工智能大模型的应用和影响是全球性的，需要各国研发机构共同努力，协调技术标准。所以我们必须参与国际人工智能治理，为国际社会提供公共智能产品，支持我国大模型、大平台在技术、伦理和规则方面做出中国贡献。

对生成式人工智能的有效治理，离不开政府、企业、行业组织、学术团体、用户和消费者、社会公众、媒体等多元主体的共同参与，需要更好发挥出多方共治的合力作用，推进践行"负责任人工智能"（Responsible AI）的理念，打造安全可信的生成式人工智能教育应用。

参考文献

[1] 俞可平.治理与善治[M]北京:社会科学文献出版社,2000:2-5.

[2] Data Management Association International.The DAMA guide to the data management body of knowledge[M].New York:Technics Publications,2009.

[3] 曹建军,刁兴春.数据质量导论[M].北京:国防工业出版社,2017.

[4] 何增科.理解国家治理及其现代化[J].时事报告,2014(1):20-21.

[5] 袁贵仁.加快推进教育治理体系和治理能力现代化[J].人民论坛,2014(013):10-13.

[6] 于璇,代蕊华.基础教育治理研究:回顾与展望[J].现代教育管理,2016(10):5.

[7] 吴旻瑜,郭海骏,卢蓓蓉,等.美国国家教育统计中心对我国教育管理信息化建设的启示[J].世界教育信息,2014,027(003):13-19.

[8] 阮士桂.美国州级纵向教育数据系统(SLDS)发展特征及启示[J].中国远程教育,2019,40(12):71-78.

[9] 刘博文,吴永和,肖玉敏,马晓玲.构筑大数据时代教育数据的新生态——国内外国家级教育数据机构的现状与反思[J].开放教育研究,2019,25(03):103-112.

[10] Porta E,Arcia G,Macdonald K,et al.Introduction to ADePT Edu:Broadening Access to School and Household Data in Education[J].2011(06).

[11] 卢秋红.《中国基础教育大数据发展蓝皮书2015》发布[J].中小学信息技术教育,2016(05):1.

[12] 徐峰,吴旻瑜,徐萱,等.教育数据治理:问题,思考与对策[J].开放教育研究,2018(2):107-112.

［13］卢蓓蓉,任友群.中国教育信息化的云中漫步——教育云建设的困境及探析[J].远程教育杂志,2012(01):6.

［14］徐峰,吴旻瑜,徐萱,等.教育数据治理:问题,思考与对策[J].开放教育研究,2018(02):107-112.

［15］张臻.智能时代的教育数据治理变革:挑战与路径[J].中国教育信息化,2022,28(01):11-17.

［16］褚宏启.自治与共治:教育治理背景下的中小学管理改革[J].中小学管理,2014(11):16-18.

［17］Watsonh,HJ,Fullerc,C.,& Ariyachandrat,T.Data warehouse governance:Best practices at blue cross and blue shield of north Carolina[J]Decision support systems,2004,38(03) :435-450.

［18］刘桂锋,钱锦琳,卢章平.国内外数据治理研究进展:内涵、要素、模型与框架[J].图书情报工作:2017(01):1-7.

［19］梁芷铭.大数据治理:国家治理能力现代化的应有之义[J].吉首大学学报(社会科学版),2015(02):34-41.

［20］张宁,袁勤俭.数据治理研究述评[J].情报杂志,2017,36(05):129-134,163.

［21］陈火全.大数据背景下数据治理的网络安全策略[J].宏观经济研究,2015(08):76-84.

［22］章怡,牟智佳.电子书包中的教育大数据及其应用[J].科技与出版,2014(05):117-120.

［23］徐鹏,王以宁,刘艳华,等.大数据视角分析学习变革——美国《通过教育数据挖掘和学习分析促进教与学》报告解读及启示[J].远程教育杂志,2013,31(06):7.

［24］张洪孟,胡凡刚.教育虚拟社区:教育大数据的必然回归[J].开放教育研究,2015(01):44-52.

［25］杨现民,唐斯斯,李冀红.教育大数据的技术体系框架与发展趋势——"教育大数据研究与实践专栏"之整体框架篇[J].现代教育技术,2016,26(01):5-12.

［26］徐鹏,王以宁,刘艳华,等.大数据视角分析学习变革——美国《通过教育数据挖掘和学习分析促进教与学》报告解读及启示[J].远程教育杂

志,2013,31(06):7.

[27] 徐峰,吴旻瑜,徐萱,等.教育数据治理:问题,思考与对策[J].开放教育研究,2018(02):107-112.

[28] 杨现民,唐斯斯,李冀红.发展教育大数据:内涵、价值和挑战[J].现代远程教育研究,2016(01):50-61.

[29] 顾小清,郑隆威,简菁.获取教育大数据:基于xAPI规范对学习经历数据的获取与共享[J].现代远程教育研究,2014(05):13-23.

[30] 蒋卓轩,张岩,李晓明.基于MOOC数据的学习行为分析与预测[J].计算机研究与发展,2015(02):614-626.

[31] 王晓冬,章骏杰,於晓东.区域教育管理公共服务平台和基础数据库建设实践——基于省级教育数据中心[J].中国教育信息化,2016(07):18-20.

[32] 陈霜叶,孟浏今,张海燕.大数据时代的教育政策证据:以证据为本理念对中国教育治理现代化与决策科学化的启示[J].全球教育展望,2014,43(02):121-128.

[33] 徐峰,吴旻瑜,徐萱等.教育数据治理:问题、思考与对策[J].开放教育研究,2018,24(02):107-112.

[34] 陈金芳,万作芳.教育治理体系与治理能力现代化的几点思考[J].教育研究,2016,37(10):25-31.

[35] 章璐,侯浩翔.人工智能视阈下区域教育整体性治理:困境、转变与行动路径[J].远程教育杂志,2021,39(05):104-112.

[36] 南旭光,张培.智能化时代我国高等教育治理变革研究[J].中国电化教育,2018,(06):1-7.

[37] 章璐,许啸,侯元东,等.基于组合赋权法的区域教育数据治理体系构成要素研究[J].电化教育研究,2023,44(02):72-78.

[38] 李鸣,郝守勤,何震.数据治理国际标准研究[J].信息技术与标准化,2017(Z1):48-52.

[39] Cooke I. Developing the IT Audit Plan Using COBIT 2019[J]. Information Systems Control Journal, 2019(03):11-15.

[40] 郭群,包经纬.公司治理层面的信息系统内部控制探析——基于COBIT2019框架[J].现代管理,2021,11(2):96-103.

［41］郭群,包经纬.公司治理层面的信息系统内部控制探析——基于COBIT2019框架[J].现代管理,2021,11(2):96-103.

［42］余鹏,李艳.智慧校园视域下高等教育数据生态治理体系研究[J].中国电化教育,2020(05):88-100.

［43］章璐,许啸,侯元东等.基于组合赋权法的区域教育数据治理体系构成要素研究[J].电化教育研究,2023,44(02):72-78.

［44］夏义堃.试论政府数据治理的内涵、生成背景与主要问题[J].图书情报工作,2018,62(09):21-27.

［45］陈良雨,陈建.大数据背景下的教育治理能力现代化研究[J].现代教育技术,2017(02):26-32.

［46］郁建兴,黄飚,高翔,沈永东,谈婕.浙江建设"重要窗口"的制度基础[J].浙江工商大学学报,2021(01):5-17.

［47］任友群.走进新时代的中国教育信息化——《教育信息化2.0行动计划》解读之一[J].电化教育研究,2018,39(06):27-28+60.

［48］谢雷,陈丽,郑勤华."互联网+"时代数据治理的内在逻辑与实践路径——"互联网+教育"创新发展的理论与政策研究(四)[J].电化教育研究,2022,43(04):12-18.

［49］田永健,靳丽,闫玮等.内蒙古"互联网+教育"大平台建设研究[J].中国教育信息化,2023,29(03):58-67.

［50］陈丽萍."互联网+"教育时代背景下的高职体育教学改革研究[J].当代体育科技,2017,7(07):249+251.

［51］吕小刚.以"互联网+教育"构建行政学院干部教育培训新模式[J].教育现代化,2016,3(04):62-64.

［52］程莉莉,施建国.教育新基建背景下区域教育信息化发展趋势和路径[J].中国教育信息化,2022,28(07):59-64.

［53］程莉莉,施建国.教育新基建背景下区域教育信息化发展趋势和路径[J].中国教育信息化,2022,28(07):59-64.

［54］黄俊峰,叶滂俊,王敏.基于大数据基础平台的数据治理实践[J].信息技术与标准化,2022(06):19-23.

[55] 刘睿,向磊.近十年我国学习分析领域研究热点及发展趋势——基于CNKI (2013~2023)核心期刊文献分析[J].教育进展,2024,14(4):70-79.

[56] 胡锦绣,钟书华.国内"新一代信息技术产业发展评价"研究述评[J].科学管理研究,2019,37(4):57-62.

[57] 陈荣昌.网络平台数据治理的正当性、困境及路径[J].宁夏社会科学,2021(01):72-80.

[58] 范炀,茆瀚月,李超,等.面向区域教育治理的智能化大数据平台研究[J].现代教育技术,2021,31(09):63-70.

[59] 左明章,李莎莎,邓果.面向基础教育的区域教育信息公共云服务平台的构建[J].中小学信息技术教育,2013(Z1):92-95.

[60] 鲁浩博,莫宏伟.基础教育校园网教育信息资源库研究[J].中国教育技术装备,2017(20):8-10+13.

[61] 吴玉鸣,李建霞.我国区域教育竞争力的实证研究[J].教育与经济,2002(03):15-19.

[62] 李洪恺,陈科颖,毛俪霏.建设智慧教育云平台助力蓉江教育治理现代化——赣州蓉江新区智慧教育实践与应用[J].中国新通信,2023,25(02):107-109.

[63] 任苗苗,马燕,李明勇."智能+教育"变革中教育数据治理的价值与路径[J].基础教育,2021,18(01):104-112.

[64] 李青,韩俊红.数据治理:提升教育数据质量的方法和途径[J].中国远程教育,2018(08):45-53+80.

[65] 李晓兰.教育数据治理体系及运行机制研究[J].大众标准化,2023(08):175-177.

[66] 章璐,许啸,侯元东,李宁宇,王佑镁.基于组合赋权法的区域教育数据治理体系构成要素研究[J].电化教育研究,2023,44(02):72-78.

[67] 田贤鹏.隐私保护与开放共享:人工智能时代的教育数据治理变革[J].电化教育研究,2020,41(05):33-38.

[68] 兰国帅,杜水莲,宋帆,等.生成式人工智能教育:关键争议、促进方法与未来议题——UNESCO《生成式人工智能教育和研究应用指南》报告要点与思考[J].开放教育研究,2023,29(06):15-26.

[69] 支振锋.生成式人工智能大模型的信息内容治理[J].政法论坛,2023,41(04):34-48.

[70] 乐洁玉,罗超洋,丁静姝,等.教育大数据隐私保护机制与技术研究[J].大数据,2020,6(06):52-63.

[71] 刘梦君,姜雨薇,曹树真,等.信息安全技术在教育数据安全与隐私中的应用分析[J].中国电化教育,2019(06):123-130.

[72] 程乐.生成式人工智能治理的态势、挑战与展望[J].人民论坛,2024(02):76-81.

[73] 钭晓东.论生成式人工智能的数据安全风险及回应型治理[J].东方法学,2023(05):106-116.

[74] 金观平.推动数据依法合理有效利用[N].经济日报,2024-10-22(001).

[75] 金观平.推动数据依法合理有效利用[N].经济日报,2024-10-22(001).

[76] 国务院.国务院关于印发促进大数据发展行动纲要的通知[EB/OL].[2015-08-31].https://www.gov.cn/gongbao/content/2015/content_2929345.htm.

[77] 农业部.农业部关于推进农业农村大数据发展的实施意见[EB/OL].[2015-12-19].https://www.gov.cn/gongbao/content/2016/content_5061698.htm.

[78] 国务院办公厅.国务院办公厅关于促进和规范健康医疗大数据应用发展的指导意见[EB/OL].[2016-06-21].https://www.gov.cn/gongbao/content/2016/content_5088769.htm.

[79] 工业和信息化部.工业和信息化部关于工业大数据发展的指导意见[2020-04-28].[EB/OL].https://www.gov.cn/gongbao/content/2020/content_5530364.htm.

[80] 全国人民代表大会常务委员会.中华人民共和国数据安全法[EB/OL].[2021-06-10].http://www.npc.gov.cn/npc/c2/c30834/202106/t20210610_311888.html.

[81] 全国人民代表大会常务委员会.中华人民共和国个人信息保护法[EB/OL].[2021-08-20].http://www.npc.gov.cn/npc/c2/c30834/202108/t20210820_313088.html.

[82] 国务院.国务院关于加强数字政府建设的指导意见[EB/OL].[2022-06-

23].https://www.gov.cn/zhengce/zhengceku/2022-06/23/content_5697299.htm.

[83] 国务院办公厅.国务院办公厅关于印发全国一体化政务大数据体系建设指南的通知[EB/OL].[2022-10-28].https://www.gov.cn/zhengce/content/2022-10/28/content_5722322.htm?eqid=e432f1750000e54900000004645c4eea.

[84] 国务院.中共中央国务院关于构建更加完善的要素市场化配置体制机制的意见[EB/OL].[2020-04-09].https://www.gov.cn/zhengce/2020-04/09/content_5500622.htm.

[85] 国务院.关于构建数据基础制度[EB/OL].[2022-12-02].https://www.gov.cn/gongbao/content/2023/content_5736707.htm.

[86] 财政部.关于加强数据资产管理的指导意见[EB/OL].[2023-12-31].https://www.gov.cn/zhengce/zhengceku/202401/content_6925470.htm.

[87] U.S.Department of Education.Using Student Achievement Data to Support Instructional Decision Making [EB/OL].[2021-09-01].https://ies.ed.gov/ncee/wwc/Docs/PracticeGuide/dddm_pg_092909.pdf.

[88] U.S.Department of Education.Enhancing Teaching and Learning through Educational Data Mining and Learning Analytics[EB/OL].[2012-10-11].https://tech.ed.gov/wp-content/uploads/2014/03/edm-la-brief.pdf.

[89] U.S.Department of Education.Every Student Succeeds Act(ESSA)[EB/OL].[2021-10-1].https://www.ed.gov/essa?src=rn.

[90] Privacy Technical Assistance Center.Data governance and stewardship[EB/OL].[2011-01-02].http://ptac.ed.gov/sites/default/files/issue-brief-data-governance-and-stewardship.pdf.

[91] Knewton.Knewton adaptive learning Building the world's most powerful recommendation engine for education.[EB/OL].[2013-10-01].https://blogs.ubc.ca/etec511dlg1/files/2013/10/Knewton-Adaptive-Learning-Whitepaper.pdf.

[92] The Data Governance Institute.DGI Data Governance Framework[EB/OL].[2021-09-01].https://datagovernance.com/the-dgi-data-governance-framework/.

[93] 教育部.教育部关于印发《教育信息化十年发展规划(2011-2020年)》

的通知[EB/OL].[2012-03-13].http://www.moe.gov.cn/srcsite/A16/s3342/201203/t20120313_133322.html.

[94] 国务院.国务院印发《促进大数据发展行动纲要》[EB/OL].[2015-09-05].https://www.gov.cn/xinwen/2015-09/05/content_2925284.htm.

[95] 教育部.教育部关于印发《教育信息化"十三五"规划》的通知[EB/OL].[2016-06-07].http://www.moe.gov.cn/srcsite/A16/s3342/201606/t20160622_269367.html.

[96] 国务院.中共中央办公厅 国务院办公厅印发《关于深化教育体制机制改革的意见》[EB/OL].[2017-09-24].https://www.gov.cn/zhengce/2017-09/24/content_5227267.htm.

[97] Robert S.Seiner.Common Data Governance Challenges[EB/OL].[2019-09-04].https://tdan.com/common-data-governance-challenges/25248.

[98] Michael Ott.A Ten-Step Plan for an Effective Data Governance Structure[EB/OL].[2015-12-01].https://tdan.com/a-ten-step-plan-for-an-effective-data-governance-structure/19183.

[99] Tim Jennings.Implementing Effective Data Governance[EB/OL].[2020-10-19].https://www.synechron.com/sites/default/files/2022-04/Implementing-Effective-Data-Governance.pdf.

[100] Carol Newcomb.Measuring Success in Data Governance[EB/OL].[2023-08-17].https://www.informatica.com/blogs/measuring-success-in-data-governance.html.

[101] 教育部.教育部等六部门印发意见部署教育新型基础设施建设[EB/OL].[2021-07-21].http://www.moe.gov.cn/jyb_xwfb/gzdt_gzdt/s5987/202107/t20210721_545968.html.

[102] 国务院国资委.关于开展对标世界一流企业价值创造行动的通知[EB/OL].[2023-04-27].http://www.sasac.gov.cn/n2588020/n2588072/n2591064/n2591066/c27783654/content.html.

[103] Data Governance Institute.The DGI Data Governance Framework[R/OL].[2014-03-22]http://www.Datagovernance.com/wp-content/up-loads/2014/11/dgi_

framework.pdf.

［104］刘欢.基础教育数据治理模型构建与底层实践研究[D].上海:华东师范大学,2022.

［105］G.Thomas,How to use the DGI data governance framework to configure your program[R],Data Gov.Inst.,2009:17.

［106］A.Sinaeepourfard, J.Garcia, X.Masip-Bruin, E.Marin-Tordera, X.Yin and C.Wang, "A data lifeCycle model for smart cities[C].2016 International Conference on Information and Communication Technology Convergence (ICTC), Jeju, Korea (South), 2016:400-405.

［107］《关于推进"互联网+教育"发展的意见》为内部发文文件,未公开。

［108］《关于推进"互联网+教育"发展的意见》为内部传阅、未公开的政策文件。

后　记

历经数百天的调研、研讨和笔耕，这部《区域基础教育数据治理体系研究》终于付梓。搁笔之际，正值初春时节，窗外不知名的小树正在微风中舒展着嫩绿的叶片，斑驳的光影透过玻璃轻盈地洒在书桌上，恍然间仿佛看见那些在数据海洋里沉浮的日夜，也看见无数教育工作者在数字化转型中的坚守和探索。

数字化转型是一场深刻且持续的变革，教育数据治理在现实中更是面临诸多挑战。比如：基础教育数据的多样性与复杂性使得数据治理的标准化工作难度较大，数据治理的实施需要多方协同，数据治理的人才匮乏，等等。这些困难让我深深地意识到，教育数据治理不仅仅是一个技术命题，也是一个社会问题，更是一个关于教育本质的问题。

在数字技术日新月异的今天，当教育大数据开始描摹学习者的画像，当智能算法试图预测学生的成长轨迹，当ChatGPT、DeepSeek、Sora等掀起生成式人工智能的浪潮，当量子计算开始叩击密码学的大门时，教育工作者尤其是从事教育数据治理的教育工作者如何在数据治理中守护人性的温度，这或许也是我们需要思考的问题之一。

2025年是我国教育数字化战略行动全面推进的关键时期，我们希望能够得到更多、更加有力的支撑和帮助，无论是政策层面的引导还是技术领域的创新，抑或理论研究的深入交流，每一份助力都将推动我们在教育数据治理这条路上走得更远、更稳、更坚实……

犹记得和团队同志们一起奋战在数据中心机房疲惫的身影，难以忘记为维护数据安全和数据隐私熬红的双眼，更记得领导与专家们为本书的建言献策和政策指导，也忘不了学校管理者和教师的积极参与，为本书提供了丰富的案例……衷心地感谢你们！

  我们始终相信，每一次键盘的敲击，每一次数据的积累，每一次思想的碰撞，每一次诚恳的对话，都将照亮我们前行的道路。

  因时间仓促，学识有限，书中舛误之处，敬请批评指正。

许逵

2025年春于南京